練習接納傷心與失落，找回前行的勇氣

傷心的人請舉手

憂鬱、低谷或黑暗，其實並不困難，
真正的困難是——你以為它們很可怕。

傷心的人啊，別怕！
請為悲傷舉手，我們會一起走過的，一起把自己找回來！

羅子琦◎著

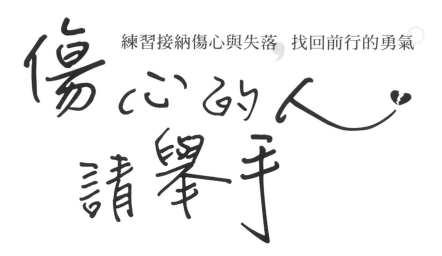

老師請舉手——接受學生優於我的勇氣

閱讀完這本書，最大的反思就是「我要面對學生優於我的勇氣」，原來這是為師的功課，也是長者的作業。因此，我想寫封信來回應子琦，更想讓你們認識我心中的子琦——細膩道出每一個故事的本書作者。

親愛的子琦，

謝謝妳邀我為這本書寫序，好像獲頒奧運金牌般，可以先一睹為快，同時還可藉機在書上留下我對妳說的話。

妳優秀、幹練、絕佳執行力、在妳身上幾乎沒有難成的事，是每一位認識妳的人，都會認同我的形容。然而，妳在我眼裡，是擁有一顆不輕易展現卻豐沛又動人的那份「愛」，無論是在妳的學習、工作、家庭、以及和妳相遇的人都能感受到，我就是其中之一。謝謝上帝，祂讓我有機會成為妳的老師、同事、共創願景的好友。

閱讀**「心理師也是人，也會受傷」**時，我串起了好多故事，當年大家都說我很嚴，妳卻勇於挑戰成為我的第一個研究生。過程中，妳總是在時限內完成超乎我所求所想的進度與內容，事後才知道，妳總是帶著萬分的焦慮、無數夜晚的挑燈夜戰、戰戰兢兢卻一定使命必達！看似不服輸堅強的妳，其實回首重看，我感受到妳的用心與在乎，盼望我們的關係可以更靠近、更連結。所以，最想對妳說的是：**「子琦，老師也是人，不是什麼都知道。」**

當年，妳離職想歇會兒，我的一通電話，妳二話不說就來國北心理諮商中心共事打拚。當讀到**「和不同生命相遇：理解那些傷心的人們」**，想起我們曾經陪伴過好多生命的成長，有好多時刻卻是在與生死線拔河，我們從沒放棄過。妳總是盡心盡力的為他們的生命找到出口，帶來盼望與相信，**「和不同生命拔河：試著找回希望」**。妳不怕苦，不喜歡抱怨，因為妳看重每一個生命，妳不多說卻是能讀懂每個生命內在的不容易與苦毒；妳在乎每一份關係，是因為關係是療癒的關鍵；妳用心呵護每一個生命，因為妳打從內心相信他們值得被如此對待。除了「有妳真好」外，最想對妳說的是：**「子琦，妳就是那位值得被用心呵護、被關注、被在乎、被看重、被疼愛的心理師。」**

從校園走進社區「天使心」，妳全然付出，願意走出治療室和社工、愛奇兒父母共創服務模式，做跨領域的高難度合作，更珍貴的是妳「用生命影響生命」。因著妳的付出、倡議、推廣，讓愛奇兒家庭走出自己的道路、找到自己那片藍天，誠如妳所說**「傷心，是需要練習舉手的」**，當願意把這隻手舉起來的時候，我們的生命才不會孤單。最想對妳說的是：**「子琦，需要，也是要練習舉手的。」**

這本書給了我好多的反思，讓我明白「老師請舉手——接受學生優於我的勇氣」。最珍貴的是，和妳的「心」有更多的連結，最想對妳說的是：**「子琦，請舉手，因為妳就是這麼棒！」**

祝生日快樂！

愛妳的念華上　20210803

國立台北教育大學心理與諮商學系教授　賴念華

走過黑暗，才能看見光亮

執業邁入第十七年，一路從大專校園的專任心理師、社區社福機構的跨專業家庭關懷服務，到現在以自費諮商為主的工作。我始終認為助人工作者的視角，是包含個人——家庭——社區——社會文化各層面的，是相互連結又彼此影響的系統，所以，二〇一八年開始在粉專寫文章，也是想讓自己那個推廣心理健康的靈魂，有個安放之處。

二〇一五年～二〇一九年間，我正經歷生命幾個重大失落的低潮時期，有來自職場的壓力、家人逝去的失落，也有對人或世界的失望與困惑；助人工作者對於人性與世界或許也有著較高的期待，一旦在現實中遭遇挫折時，也會敏銳又強烈的知覺到理想與現實的差距……

雖然，那段日子鮮少對親友訴說，但當我選擇直視失落與低潮的衝擊挑戰時，也更加懂得那些在諮商室裡一籌莫展的無力感有多深，更加理解那種渴望跳脫負向處境有多麼的急切。更重要的是，因為曾經走過黑暗、無助時刻，我相信，只有我們願意去經歷與面對，才有看見光亮的時候！就像這句經文：「你起初雖然微小，終久必甚發達。」

當二〇二〇年初收到出版邀約時，我一方面驚訝這頂多一個月更新一篇文章的粉專，真的有人在看呀；一方面也有種被理解的感受，那份希望透過文字去陪伴更多人、更多家庭，且又能促進社會友好的心，被懂得了！

實務工作中，我很喜歡前輩形容心理療癒的歷程是：「快就是慢，慢就是快。」改變雖然非一蹴可幾，要持續堅信前行也很難熬，有時甚至不足為外人道，但只要願意開始做一些微小的改變，都有可能讓自己擁有走過陰霾的契機，這也是我決心動筆的初衷。

本書從「心理師也是人」開始，用自身經驗分享生命深刻也重大的議題，希望閱讀的你能看見一份真實與誠心的邀請，一同進入生命旅程的探索；第二篇「和不同的生命相遇」，嘗試將十七年的實務經驗歸納，模擬諮商情景來進入各種傷心故事的敘說，讓生命彼此相遇，傳遞理解與自我陪伴的練習，如果你感到相似與共鳴，希望你知道自己並不孤單。

最後，在「傷心，是需要練習舉手的」中，邀請你一起練習舉手吧！

CONTENTS

目錄

Chapter 01

心理師也是人，也會受傷

心理師也是有血有肉的人，
生活一樣不容易，
一樣會面臨與傷痛共存的時刻，
因為曾經走過低谷，
所以更知道如何擔任黑暗中的嚮導。

面對生活，
我們都帶傷上陣

身為心理師，也可能是人生路上帶傷的個案，
虛心接納真實的自己，才能獲得進化的力量。

諮商碩士班第三年全職實習的時候，我的督導曾經告訴我：「學諮商的人，有一半是個案，另一半才會是諮商師。」當年的我，點頭如搗蒜、深表認同。如今，心理師執業已邁入第十七個年頭，在執業的歲月中，曾經有兩段尋求心理諮商的經歷，我是提供諮商服務的心理師，也成為被服務的個案。

當生命裡，走過職涯的挫折、茫然、重要家人的離世等失落之後，才再一次體認到：生命中的每一個過去，包括原生家庭，都影響著自己如何感受每個重大事件，牽動著每個未來行動。於是，我深刻體認到當年還在實習的自己，實在是太過驕傲，也過於理想化。事實上，我們每個人，都在人生路上，帶傷上陣。

真實，比完美更好

所謂的個人議題，每個人，打從呱呱墜地的那一刻起，就面臨在未知與期待之間的距離，我們在這過程中長大，在長大中認識世界、感受被愛，也會經歷挫折與失落，這些生命經歷中留下的傷痕，或深或淺，可能反覆循環，然後，帶著這些傷痕繼續前行。

從前還很驕傲的時候，聽見周遭的誰去接受諮商服務，不論是表情或口語都會不自覺流露出一些「還好嗎？」的擔心，當身邊的親友處在困境中的時候，我又會開始力薦對方去尋求諮商。一面隱約反映著「諮商是有什麼問題」的信號，一面卻又鼓吹著諮商求助的重要性，要對方去好好處理個人議題；現在想來，過去的我，實在挺不一致的。

現在的我，隨著人生經歷與諮商實務經驗累積，反而更清楚地知道，諮商從來不能夠讓人變得「沒有問題」，而是在當事人有改變意願的前提下，協助人們一起探索「如何把生活過得更好一些」。這樣的轉變，關鍵還是來自於自身的經歷，當我深陷困頓，總感覺周遭親友無法給予自己更好的見解或幫助時，我必須面對是否要尋求諮商協助；這就得跟我面前那位心理師承認「我卡關了」，開始和他討論自己的困境與個人議題，這是一個自我接納的歷程。

我發現，身為諮商心理師，並沒有比誰更堅強，沒有比別人更優秀，也不是什麼完美的人。當我追求在當事人面前完美無畏的時候，他們也會無法自在地討論自己，反而更盡力想要自己快點好起來；當我對於「展現不OK」能自在的時候，他們因而更能夠自在地去探索困境，更真實地去接觸內在自我。從我自己，到我與當事人的關係，都在告訴我一件事：「真實，比完美更好！」

傷痕可以擺著，但別騙過自己

曾經，有個前輩在我初入職場時，這樣告誡我：「你們這群年輕工作者，專業認真的不少，但沉穩的不多，妳也還不夠沉穩喔！」當時，我口快地回應：「因為我還年輕啊，這是我年輕的本錢。」後來，仔細回想這段對話，前輩想提醒我的沉穩，是指對於自己的真實接納，不論是好還是不夠好，那是我的一部分。好的部分自我，就好好地擁有它們、發揮與展現這些好；不夠好的部分，其實也要學習擁有它們，練習降低它們的影響與干擾，帶著它們體驗人生，那便會是一種沉穩。

有些過去的傷痕所造成的個人議題，並非一定都要處理它們，帶傷上陣的時候，如果你覺得還能往前走，干擾的程度還能接受，那麼你可以繼續照樣生活與工作。有時候，會感覺有些痛、有點苦，但也可能仍然不願意承認，不想放棄，因為內心還有些堅守的價值與原則。

像我在職場受苦的時候（後面的篇章會有進一步分享），當時處在內憂外患的困局中，面對長官的指導與提供諮商資源的建議，我是賭氣拒絕的。因為，我堅信自己在工作中的堅持是有道理的，在感覺沒有被認同與同理的狀況下，我選擇了讓自己辛苦。

然而，走過那段日子以後，我想，如果你也感受到自己的不開心，也可能還不想處理那些傷，沒關係的，請告訴自己：

「這不是你的錯，不用承認錯誤，先擺著也可以，別忘了就好。」

「沒關係，不用放棄，存在也可以，別自我傷害。」

只需記住，你所堅信的從何而來，我們需要的不是放棄，而是進化與蛻變，像一道門一樣，加個鎖補強或修整一番吧！

帶傷上陣後可以選擇的裝備

在諮商告一段落的時候，我總會問坐在面前這位、即將在這階段「畢業」的當事人一個問題：「經歷這段諮商的歷程，你覺得諮商是什麼？會怎麼形容？」

有個當事人跟我分享：「就像是撿裝備！」我一臉困惑地看著對方，他立刻笑我肯定沒有打過線上遊戲。原來，對他來說，諮商改變的歷程，就像是「撿裝備」的過程，是一個把自己擁有的鞏固好，把過往失去的、受傷的修復並找回來。

我蠻喜歡這樣的觀點。我們每個人都在成長路上，有跌倒、有受傷，因而帶傷上陣；

同樣地，上陣之後，我們都會有所學習與成長，你可以選擇要不要面對、要不要處理、要選擇哪些裝備，好讓我們在人生路上繼續前行，迎向人生的每一個挑戰。

撿裝備的過程，有我的親身經歷分享，也可能與你的生命交會、共鳴、覺察與面對，像是吞下苦苦的中藥，但是良藥苦口，藥效卻是慢慢感受到自己的轉變，緩緩地進入困難的深處，需要時間去經歷，才能發生先苦後甘的歷程。

愛會消失嗎？
別以為孩子都不懂！

你們說的每一句話，孩子都收在心底。
請用孩子年齡可以理解的方式，陪著他學會理解、接受。

印象中，有個模糊的記憶，出生後沒多久，我便在外婆家長大，每個週末媽媽會把我帶回「家」。住在外婆家的日子裡，有幾次，深夜時分，我被大人的爭執聲音吵醒，瞧見外婆家的客廳裡，外公鐵青著臉，舅舅要我上樓去，而我看見爸爸也在，自然不肯乖乖上樓，幼稚園大班年紀的我想知道：「發生什麼事情了？你們的臉怎麼都這麼不開心？」爸爸則若無其事地對我微笑，我卻本能地撇過頭去……

從來沒有一個大人來告訴我發生什麼事情，我卻在平日不經意地豎起耳朵，仔細聽大人之間的談話，我聽見他們說爸爸在外頭有女人，而這是什麼意思呢？即使懵懂但我心裡知道，那應該是個很不好的事情，然後，你們說的那個做壞事的人，卻是我的爸爸。

那個甜蜜又溫暖的家

至於「家」，最早是奶奶住的家，後來是不同的租屋處，小學二年級時，媽媽買了房子，一家人才算真正住在一起。還記得那段日子，應該是生命裡最符合課本上標準版本的日子，放學回家，媽媽會做晚餐，爸爸會教我數學功課；每次媽媽開家裡大門時都會說：「可愛的家、溫暖的家，我們回家囉！」像兒歌一樣的甜蜜與幸福吧！

好景不常，我知道父母離婚了，怎麼知道的呢？不是爸爸沒住在家裡，這點我習以為常，因為，小時候他常常會回去奶奶家住個幾天，也會應酬到深夜才回家，回家的時間我早已昏睡。

某個假日下午，我跟妹妹獨自在家，我進到他們的房間，不知道為何打開了床頭櫃的抽屜，看見一張上頭有著法院字樣的文件，還有我爸媽的名字，也看到幾個我認識的字詞，像是「監護權」、「離婚」……我默默地關上抽屜，什麼都沒說。

沒多久，我和妹妹再度轉學，恢復平日住外婆家，週末回家住的日子。有一次，我問正在洗衣服的外婆：「他們離婚了，對不對？」外婆罵我亂講話，我說：「明明就有，我都看到了！」

在大人的關係裡，我自己選邊站

就這樣，又一次，沒有哪個大人特別告訴我什麼，可是，小學二年級的我，心裡都明白發生了什麼，甚至每當年幼的妹妹問媽媽許多「為什麼」時，我都刻意阻止妹妹繼續問，因為，我怕媽媽傷心……

他們離婚後，爸爸常會趁著小學念半天的下午回來看我們，媽媽雖然從沒有阻止，但總會問爸爸回來有沒有和我說什麼？我們都一起做些什麼事情？這些看似平常的問題，常讓我心裡感覺有壓力。有一次，爸爸一樣在下午來看我們，他按了好多次門鈴，我不准妹妹給他開門，他氣得打家用電話問：「妳在搞什麼？」我說：「你是壞人，我不要開門。」隨即掛上電話，那次之後，我再也沒有見過我的爸爸，年紀尚小的我，沒有誰跟我說過什麼，但在大人的關係裡，我自己選邊站了！

孩子的愛不該被分裂

小學四年級的時候，我刻意拿了空白作文回家問我媽：「父親節要寫什麼？我不會。」我當時清楚知道自己想找麻煩、想挑起什麼話題，只是那次，媽媽卻跟我道歉，她說是自己讓我沒有爸爸的陪伴……

長大後的自己，念了諮商，整理了自己，從我的經歷中，我深刻明白每個孩子都不是真的懵懂無知，即使理解能力有限，但他的感官是敏銳的，往往孩子會用自己有限的認知能力，去理解父母發生的事情，甚至可能自己做了結論與行動。像是我默默地選邊站，覺得不能見那個做壞事的爸爸，不能讓辛苦的媽媽傷心……

事實上，即使當年還小的我，做了選邊站的決定，但是，我從沒忘記過爸爸教我功課、買冰淇淋蛋糕給我過生日、放學後的百香綠茶等等回憶，而我的媽媽也從沒有要我討厭自己的父親。回想起來，如果時光回到當年，我會需要什麼？我想，我需要父母告訴我，發生了什麼事情？他們會有什麼改變？讓我理解何以生活會必須改變，讓我感受到自己被在乎，即使我從來沒有被撇下。

所以，在實務工作中，面對離婚的夫妻或當事人，我常和他們分享：

- 告知孩子離婚事實是重要的，然而，我們也需要接受離婚，將使孩子面對家變的失落，而失落是需要時間去經歷與消化的。
- 父母共識很重要，即使不再是夫妻，但你們仍然是孩子的父母，雙方需要共識如何告訴孩子離婚的原因與方式。
- 照顧自己的情緒，釐清與沉澱情緒，你也是當事人之一，也會有軟弱的時候，尋求資源幫助自己；你如何面對軟弱與負面情緒，也會成為孩子學習的楷模。
- 和孩子一起討論家庭生活的改變，接納過程中的不適應，一起創造新的生活。

- 孩子其實都知道，用孩子年齡可以理解的方式告知他們，你可以諮詢心理師，也可以和孩子學校的導師或輔導室諮詢；導入一些資源，幫助你更知道怎麼和孩子一起走過。

愛會消失嗎？

別以為孩子都不懂，你們和他說的每一句話，他都收在心底的某個角落，孩子可能會問：「你們分開了，會不愛我了嗎？」意即：愛會消失嗎？

有些愛，確實會，像是夫妻；有些愛，不會消失，就像是一直努力學習當父母的你們。

保護自己，
才有機會保護其他人

學會保護自己，允許自己好好地長大，
才能有所成長、變得更有力量去保護在乎的人。

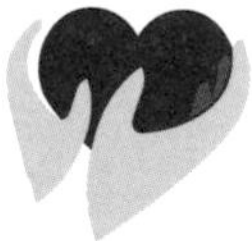

清晨五點，幼稚園的我跟著阿嬤在廚房，她忙著煮早餐、餵雞，我蹲在旁邊打瞌睡……忽然，阿公拿著熱水瓶出現，將熱水朝阿嬤身上潑，再佐個幾句髒話……我瞬間清醒，也還好因為距離不夠，阿嬤巧妙地閃過攻擊，而阿公做完這極具威脅性的行動後就轉身離開。

他們的關係，是一種家庭暴力。

想改變，卻總是能力不足

小時候，我會選邊站，覺得阿公是壞人，不想跟他親近。好長一段時間，暴力總是肆無忌憚地在小孩面前上演，一直到我小學四年級時，他又一次在我們面前發生攻擊行為時，我衝進他們兩個人之間，把阿嬤手中才七個月大、已經嚇哭的表弟抱走，我記得當時說了一句：「不要理他們，我們上樓。」那次之後，暴力似乎再也沒出現在孩子面前。

選邊站、帶走小表弟，是當年我以為的保護與改變，我知道自己有能力，卻總是還不足以改變他們任何一個人。

長大當諮商心理師，每當演講是與家暴議題有關時，我常會分享童年的這段經驗並問台下的聽眾：如果你們是我，會選擇怎麼反應，是衝進他們之間，試圖拉扯以阻止暴力？

是走進房間，關上房門，戴上耳機？是選擇站在某一方，挺身對抗？

各種答案都有人選，那一刻，我看著台下的聽眾們，有的激動討論，有的眼神落寞；我知道，也許，這是我從前經歷的故事，而你，可能也正在故事中……正經歷著想改變，卻總是被能力不足的無力感籠罩著。

不知道該要喊痛的麻木感

進入職場工作，有一次，同事瞧見我身上總有不經意留下的瘀青，每回瞧見莫名的瘀青，我也不覺得痛，對於身上瘀青的原因也總是摸不著頭緒，同事見狀笑我是「目睹兒」，我傻笑，也默默回家搜尋關於目睹兒的資料，原來小時候的我，算是目睹兒耶！

我一直知道童年的成長經驗中，阿公、阿嬤之間是家庭暴力的關係，但我從未將家暴相關理論往自己身上看。原來我的目光一直在家人身上，未曾在自己的身上思考「目睹」家庭暴力之於我的影響是什麼。

那次之後，我開始認識「目睹家庭暴力」對我的影響。

我發現，自己不只是對於身體的痛感比較麻木，對於家庭或職場上重要的任務，我也常出現一種「奮不顧身」的樣態，「**奮**」，是勤奮，是被認可的態度；「**顧**」，是照顧，是保護自己。當我為了某種因素而奮不顧身時，可能也使自己遍體鱗傷，不懂得該保護自己、不懂得在某些超負荷的時刻，可以說不行。這就像是自小累積的無力感「絕地大反攻」一般，總是捨我其誰地失去界線。

於是，當我開始認識這些在我生命的影響後，我必須從無意識的自動化，很刻意地去意識到這些不自覺的反應如何發生，很不自然地去練習關注身體的變化，很刻意地學習說「我不行」；而要接受某些不屬於我能改變的事實，是最難的。

接受那些無法改變，做些力所能及的

前幾年，阿嬤中風了，左半邊的身體失去知覺，失去自由行走的能力，飲食起居都需要有人照顧，而阿嬤的四個孩子，為了照顧議題吵成一團。那個我童年成長的地方、那些曾經我景仰的大人們，都隨著阿嬤的生病，開始在印象中崩壞；有段時間，我逃避那些崩壞，盡量避免回去看阿嬤，因為每回強忍的淚水，我都害怕會失控臭罵那些長輩，也氣自己做不了更多事情，整整兩年，我不敢回去看阿嬤，只能夠默默聽媽媽訴說近況，在心底暗自糾結……

後來，媽媽告訴我，幾次發現阿公會毆打阿嬤。第一次，我看見眼前的母親發抖、不知所措，即使年紀一大把，面對老父親的暴力，她仍像當年那個無力的孩子一般，歷經童年家暴、離婚失落到老年再現的家暴，悲觀與無力，幾乎已成了她的隨行物品。

我告訴媽媽：「妳六十歲了，不再是當年那個六歲孩子，只能偷偷給妳媽媽送飯、送藥……」提醒媽媽雖然是他們的孩子，更是一個有社會歷練的成年人。後來，媽媽回去告訴她的父親，只要再發生一次暴力毆打事件，她就會通報有關單位，她對她的父親說：「我是沒有能力改變你，那就讓相關單位來處理你。」那次之後，再也沒有發生類似的事件。

這時候的我，已經長大了，我告訴媽媽怎麼對應阿公、如何保護阿嬤，不動干戈地制止了暴力行為。

過去的經歷，都是成長的資源

其實，是我先接受了那些我無法改變的人、事、物，包括阿嬤的生病、長輩間的糾葛等，才能看見母親也如何困在自己的無力感中，也才能在接受現況後，去尋見哪些是可以或必須做的事情。無法改變的是年屆花甲的阿公，他的情緒與行為，有他難以言表的過去，要改變他是不容易的；但是，暴力的行為是不被允許的，生病臥床的阿嬤的安全守護更是刻不容緩。

因為，曾經走過，才有現在的懂得。

事實上，阿公也有好的一面，他對生活品味的追求，一向出眾，他也很懂得用旅遊體驗生活，他有自己的受傷故事，他面對不了，我也解決不了，但別讓自己陷入過去經驗影響的循環，才是改變的關鍵。

我花了些時間整理、面對與再學習，也成為我在助人工作中的資源。從我的經驗中，我知道三個重點：

- 大人有他們的問題，小孩有自己的功課。
- 安全與自我保護是上策，必要時一定要通報或求助。
- 讓自己好好長大，變得有能力，比衝進去拯救更有效果。

對許多人來說，最難的，是要接納大人有自己的問題，有大人自己的選擇。學會保護自己，允許自己好好長大，是為了更有力量保護在乎的人。當我意識到「目睹暴力」在我身上的影響之後，我需要面對與學習處理這些影響，讓「過去經驗」在我的刻意練習之下，真正有機會成為過去，變得不那麼影響現在與未來。

愛的加油站

面對家庭暴力，掌握以下要點：

- 接納大人有自己的問題和選擇。
- 安全與自我保護是上策，必要時一定要通報或求助。
- 讓自己好好長大，變得有能力，比衝進去拯救更有效。

壞事的不是嫉妒與競爭，而是否認

從嫉妒與競爭的行為背後，承認自己的在乎，
才能獲得坦率的勇氣，成為更好的自己。

不知道你有沒有這樣的經驗？在低潮或不順利的時候，對於身旁他人的成功，無法真的為對方開心，心裡頭有些莫名的負向情緒，卻還得言不由衷地附和對方……

幾年前，剛離開全職工作，有段時間很低潮，總覺得自己不夠好，對於未來也充滿著焦慮與茫然……好友跟我分享他在專業中的進展與成就，我會說：「很好啊，你已經是知名講師了！」然後心裡默默地湧上一股不舒服的感覺，覺得對方怎麼可以在我低潮的時候跟我說這些話，是不是故意和我炫耀成就；另一方面又會指責自己怎麼可以有這些不舒服的感受，提醒自己要更注意這些不舒服的感受，別被對方發現了！

這種情緒，是嫉妒，也可能發展成競爭吧。

「嫉妒」是正常的情緒

我想起小時候的自己，媽媽剛餵完襁褓中的妹妹牛奶，將她放在大床的中央，起身到浴室清潔奶瓶，這時一歲半的我走向妹妹，用腳踩過她的肚子，妹妹立刻張嘴噴出牛奶，還伴隨著悽慘的哭聲，這故事到如今還常常被媽媽拿出來說笑。

念幼兒教育時，學習幼兒情緒發展的議題，才知道「嫉妒」是嬰幼兒的正常情緒發展，嬰幼兒大約在十八個月大時，會逐漸發展出嫉妒情緒。當下，我才對於自己的行為有些釋懷，我不是那個會傷害親手足的人，更不是一個嫉妒心很強的孩子，原來，我不壞也不奇怪，因為嫉妒是正常的情緒啊。

嫉妒（Jealousy），通常是至少兩個人之間，自己原本擁有或想要的，被對方拿走或先得到了，因而產生了嫉妒的情緒。

然而，原本是嬰幼兒正常的情緒發展，在我們的生活世界裡，似乎有一種評價：「嫉妒是不好的」，當孩子有嫉妒情緒而產生某些行為反應時，常常可能會被斥責甚至責打。漸漸地，我們似乎學習到某種暗示：「不應該有嫉妒的情緒」，一旦可能對某人產生嫉妒時，請盡可能地隱藏或壓抑它。

小時候的我，偷偷踩上的那一腳，行為當然是不恰當的，還可能會使小嬰兒受傷；但行為的背後，可能是覺得自己不被愛了、關注被搶走了，其實是一種防衛反應，想守護自己所愛的。

說到這，你是不是也想起自己的成長故事？

學習面對與處理負面情緒

因嫉妒而生的行為背後，那份「在乎」是沒有對錯的，那是一份需要被看見與接納的「在乎」。我們真正需要處理的，是因在乎而產生的本能守護行動，孩子需要被引導與學習怎麼面對、因應這些在乎的表達。很多時候，我們自動化地去喝止或壓抑那些行為，反而忽視了行為背後的「在乎」。

站在心理健康的角度而言，所有未被我們意識或處理的情緒，都可能成為與他人關係中的未爆彈，長期下來，反而會侵蝕我們的身心健康與親密關係。

過去服務有特殊兒家庭的健康手足時，我們常常聽見健康手足認為父母對於特殊兒付出較多的愛與關注而覺得不公平，這些從小累積至成年的不公平，可能導致他們與家人的關係日漸疏離。於是，團隊的夥伴在某一次課程中，設計家庭生活劇的活動，讓孩子們討論家庭中各種不公平的場景，再讓孩子們選擇演出場景中的角色，孩子們透過演出體會父親、母親、特殊兒的感受與處境，他們發現原來父母不是不愛自己，而是分身乏術，然後我們試著引導孩子學習接觸與表達那些「在乎」，促進親子間的溝通表達與互動關係。

其實，「嫉妒」本來就是生而為人的正常情緒之一，它跟生氣、快樂、悲傷、害怕等情緒是一樣的，都是天生被賦予擁有的感受。只是，我們很接納正向的情緒，卻不知如何面對負向情緒。如何經驗與處理負向情緒，反而是大人和小孩都需要一起練習的課題。

嫉妒的背後往往是「在乎」

曾經看過一篇文章這樣說：只要我們想去經歷愛，必然會經驗嫉妒。換句話說，只要我們在世上生活著，經歷嫉妒就是無可避免的感受。

1.需要先承認嫉妒的感覺，發生了

好好地問問自己：我在嫉妒什麼呢？為何會嫉妒呢？我害怕或失去、在乎什麼呢？身為大人的我們，可以先這樣試著練習自問。

曾經有一個當事人告訴我，她對於丈夫事業上的成就，很難真正的開心，諮商中她意識到自己嫉妒丈夫的事業成就，對於自己的反應感到不舒服與罪惡；釐清後，她發現是心中還沒好好接納與消化在職涯與家庭中選擇後的失落，即使這是自己的選擇。

2.梳理與陪伴嫉妒背後的在乎

原來，即使是自己的選擇，即使是選擇之後自然的結果，都不代表自己不會不舒服，試著談談或整理這些感覺，好好接觸與梳理嫉妒背後的受傷與失落，當我們懂得這樣照顧自己時，會更知道如何陪伴自己去認識與接納情緒，而責怪與壓抑嫉妒的方式，也就不再需要了。

3.面對「在乎」反映的真實

一路談下來，可以確認嫉妒是不分年齡的，並不會因為孩子長大了、成熟了就不會再出現；同時，嫉妒背後的在乎，往往反映著某種真實，而這些真實，才是我們必須正視的。像是感覺被忽略的孩子，其實渴望被愛，父母可以同理孩子的感受、多擁抱孩子，甚至給予獨享的親子陪伴時光。

回到文章開頭提到我的不舒服，其實，那也是我當時難以承認的感受，在專業學習路上一直頗受肯定的我，也自詡是認真努力的人，十多年來，我在夥伴之中是頗有優越感的，但是，當我決定離開全職心理師的工作，轉換為接案的行動心理師之後，開始有了些變化，對於好友在事業上擁有優秀表現而不自覺嘲諷對方的努力，是來自於對自己的不滿，需要面對的是自己這些年的鬆懈、需要努力與調整之處，也接納選擇後的結果。

這是在承認嫉妒後，最具挑戰性的地方。承認之後，有時候得負起面對自己的責任，有時候得跳出舒適區做些改變，有時候得承受嫉妒的不舒服好一陣子。這就不難理解，為何面對嫉妒，直接喝斥制止或壓抑都顯得更容易一些。

開創成長與改變的空間

比嫉妒更重要的事，是重新理解嫉妒情緒並不壞，它是一個對於「在乎什麼」的提醒訊號，即便我們說不清楚、選擇不說或還沒意識到，但嫉妒已經在提醒我們自我省察。承認嫉妒，釐清在乎，去面對與學習處理，我們才會知道治本的方向在哪裡，開創生命中更多成長與改變的空間。

處理嫉妒背後的在乎，對我而言，是一種進廠維修的過程，也是一份守護關係的愛，是一股讓自己變得更加坦率的勇敢，其實是一種讓自己更好的行動。

愛的加油站

面對嫉妒所產生的負面情緒，可以這樣處理：

- 需要先承認嫉妒的感覺。
- 梳理與陪伴嫉妒背後的在乎。
- 面對「在乎」反映的真實。

誰會陪我最久？
手足關係的調整與學習

讓手足成為你一生的朋友，在未來長照議題中，
也可能會是你最親密無間的戰友。

生命中，你和誰的關係最久？是父母？是配偶？是孩子？還是朋友？不，生命中如果沒有意外發生的話，那個在關係中和你最長久的人，會是你的親手足、是你的兄弟姊妹。

回想自己的手足關係，也是一個不斷修正與學習的歷程。

親密，卻又時有矛盾

從小，住在外公家，受日本教育思維影響甚深的外公，非常重視禮節，總是要求弟妹們稱我「大姊」，如若他們無心地直呼我的名字，接下來絕對是一頓責罵。和我相差一歲的妹妹，從小長得非常討人喜歡，而我則總被大人稱讚反應快、口條好，每當兩姊妹喜歡同一個玩具顏色時，大人總是要我讓給妹妹，不論我是不是喜歡或接受。很自然地，我比妹妹更容易成為大人的小幫手，比妹妹更容易得到大人的誇讚，誇讚愈多，我做的也愈多，用這樣的方式來尋求認同，暗暗地和妹妹競爭著。

順著這樣的關係與家庭文化，加上媽媽工作時間長的關係，許多時候，我會拿著大人給的「權力」，要求妹妹服從我的「命令」。相差一歲的妹妹，自然不會服氣，於是，我們在青少年時期常常吵架、冷戰，但又因為媽媽管得很嚴，不得不相互照應，讓彼此有機會瞞過媽媽，可以偷得一些當年媽媽不允許的空間；也會在深夜時分，姊妹倆分享彼此心儀、暗戀的對象，隔日去學校再偷偷去瞧瞧那個讓對方心儀的男生……其實，手足關係常常是充滿親密又很是矛盾的。分享到這，你是否也能想起一些和自家手足的過往回憶，那些可能相愛又相殺的時光，是否也讓你不自覺地嘴角上揚呢？

每個家庭，面對手足關係，可能都有一些潛在或明令的家庭文化存在，往往讓我們與手足的互動潛移默化地被影響著，可能像是：

- 長幼有序：年幼的必須要聽從年長的，不論年長的是不是有理或有能力擔當。
- 重男輕女：傳統父系社會較看重男性，認為男性才會傳宗接代、奉養父母，以致家庭資源分配有重男輕女的現象，往往也影響手足關係的發展。
- 孔融讓梨：總被教導要禮讓，過度強調分享與禮讓的原則，剝奪了每個孩子擁有選擇的權利與控制感。
- 優秀的特權：會讓人有「只要成績好，就能得到父母很多的關注與特別權力」的感覺，似乎是一種符合某種條件才會被愛的氛圍。
- 長兄如父、長姊如母：年紀較長的孩子，成為父母的代理者，有時可能使代理者失去可以「任性」與「說我不會」的權力，也可能因此弱化年幼者的能力發展。

還記得幾年前，因為需要處理父親遺產流程，身為大姊的我，負責向外與父親再婚的子女聯繫，過程中，對方偶有出言不遜的狀況，妹妹聽了總是生氣，還不平地說：「妳是大姊耶，他們怎麼可以這樣對妳，我來處理他們……」我那總是反抗大姊的妹妹，反而準備以二姊姿態守護大姊了。

在我的家庭文化中，我不自覺地拿著長姊為尊的權力，要求妹妹必須每次都聽我的，而妹妹也總是反抗；不過，在面對外人的時候，我們又總能炮口向外，或為彼此挺身而出。這便是手足關係，可以親密，可以衝突，也可以相互支持，也有可能逐漸疏離！

讓手足關係成為生命的禮物

幾年前，日本有本書《手足風險》，討論日本的繭居族帶來的社會與家庭照顧問題。書中從社會結構與世代轉變的角度，開始談「手足差異」如何發生與真實的存在，當年老那一日來臨、當父母這道防波堤瓦解時，手足風險如何席捲而來。事實上，台灣社會逐漸高齡化，長期照護議題也帶出每個家庭中的手足關係，可能是許多家庭不足為外人道的愛恨情仇。

今年農曆過年前，外婆陷入病危，難得有一晚不用在醫院照顧的母親，可以和我在家裡吃飯聊天。媽媽訴說著兩年多來，對她那幾個手足的諸多不滿，滿滿的情緒字眼中，流露著一種身為大姊，理當可以要求與訓斥自己的弟妹們。

然而，當媽媽愈說愈激動時，我回應她：「妳沒有辦法教訓他們，因為妳是他們的姊姊而不是父母，如果我對妹妹也一直要她像小時候那樣只能聽我的，那我們現在應該也不會那麼要好。」媽媽頓時安靜下來，因為，我與妹妹的手足關係能夠和睦友好，一直是她心中期盼的，她相信手足是她給我的生命禮物。

嘗試經營良好的手足關係

不論是從個人的經驗，或是臨床實務經驗來看，手足關係有著承先啟後的意義，我們自身的手足經驗往往也影響著日後家庭的親子教養，同時，面臨父母老後的照顧議題時，童年手足關係的糾葛就可能重出江湖。手足，是你我生命中，陪伴最久的那個人，有幾個方向可以嘗試實踐，幫助我們學習修正與發展更好的手足關係，避免當長照來襲時，遭遇更大的手足差異與風險：

1.覺察家庭文化的影響

面對關係問題，我們很容易先看見對方的問題與缺失，然而，如果可以先覺察自己如何「參與」這有問題的關係，通常你會發現自我調整比要求對方調整更容易一些。以我的經驗為例，我覺察拿著家中給的長姊權勢來仗勢後，才開始思考自己如果被同樣的對待時，會是怎樣的感覺？會感覺被尊重嗎？是否也會覺得不服氣……

2.看見每個人的優勢能力

要先能欣賞每個手足的獨特之處，就像從小我的學業成就不佳，偏偏妹妹就是每科都拿優等的好學生，但是我的應對機靈是被欣賞的，而妹妹卻有大智若愚的智慧。成年後，我開始欣賞她的大智若愚，家族中的一些關鍵時刻，她的大智若愚也總能幫到我們。

3.關係是互動的結果

任何一種關係都是互動的結果，即使是關係中的衝突時刻，我們都得試圖破除許多慣性思維或家庭文化影響，試著交換到對方的位置去理解感受，更要看見自己的責任與學習之處。

4.關係是需要經營與保養

小時候，父母會分別替我們慶祝生日，但成年後，我們可能會開始替父母過生日，但你是否會記得自家手足的生日呢？為手足準備卡片或小禮物，讓彼此知道自己被對方看重、珍惜著，甚至在對方的困難時刻給予支持，創造有溫度的連結，讓出自血緣的關係還能被好好經營、保養著。

5.學習尊重與接納

接納每個人的選擇和自己不一樣，而不是非得誰要聽誰的，這是一個學習尊重的歷程，同樣也是人際關係裡很重要的功課。換言之，我們在職場願意接受或尊重同事的不同選擇，對於家人，也應有空間去尊重與接納。

6.認清風險是什麼、該擔心些什麼

父母的身體狀況如何？萬一有一天，父母生病了，家庭與經濟的資源有哪些？提早評估風險，檢視自己可以先做的準備有哪些，個人的財務與職涯規劃，同時和手足們討論共識，因此有多元的角度來提早預備。

7.從此刻起，重建手足關係

回想一下，小時候你和手足之間的相處小故事，你想到的是什麼？回想的過程，是不是也讓你不自覺嘴角微微上揚？趁著父母還健在的時候，便要儲存手足的關係銀行；關係，是不斷修煉的旅程，現在開始永遠不晚。

8. 看見內在小孩的受傷，避免童年的情結反覆上演

家家確實都有本難念的經，有些童年的受傷與情結，不管歷經多長時間，不論年歲多長，都可能讓我們瞬間變小孩般地應對；像是母親和他的手足們，糾結於童年的重男輕女、長幼必須有序，致使在面對長照議題時，變得很難理性對話與共同面對，使得長期照顧變得更加艱辛。好好正視自己內在的受傷，別讓當年的陳年舊傷，持續影響此刻與未來。

關係，是自我修練的道場

從教養中，我們可以為孩子預備一個和睦友好的手足關係環境，促進手足關係自然的發展成彼此尊重、扶持與陪伴的關係，而不是被大人規定要和睦的表象關係。面對自己與手足關係間的風險，在危機真實發生之前，逃避與忽視往往是相對輕省簡單的，畢竟平日裡自己在工作與家庭間早已忙碌不得閒。

但隨著高齡化社會的來到，父母年老時的長期照顧議題，你我都難以迴避。正因為如

此，重建與經營自己的手足關係就更顯得重要。有些複雜難解的關係議題，相信非一日之寒，必要的時候可以尋求第三方資源來進行諮詢討論，改善手足的關係以及共同面對未來照顧議題。

關係，是一場自我修練的道場，從此刻開始，面對自己如何參與其中，永遠都不嫌晚！

愛的加油站

關於改善手足之間的關係，有八點建議：

- 覺察家庭文化的影響。
- 看見每個人的優勢能力。
- 關係是互動的結果。
- 關係是需要經營與保養。
- 學習尊重與接納。
- 認清風險是什麼、該擔心些什麼。
- 從此刻起，重建手足關係。
- 看見內在小孩的受傷，避免童年的情結反覆上演。

是家，也是枷

解開原生家庭中的無形枷鎖，

愛雖然不夠完美，

但其中仍然有愛，才是對未來家庭的祝福。

農曆過年，一直是華人的重要節日，即使年味愈來愈淡，但有些禮節仍不可少，因此，有些塵封內心深處的家庭情節，也無可避免地浮上心頭……

小時候，有段時間家裡經濟很辛苦。媽媽一人扛經濟，還得償還父親的債務，早出晚歸之際，實在無法照顧日常三餐，不得已把我們送到外公家，雖然只是添副碗筷，但媽媽還是增加了每個月的孝親費，因為，有娘家可以成為後援不是理所當然的。多年來，媽媽也一直心懷感恩，外公、外婆年老臥床的那段日子，她提早退休承擔照顧責任，作為孩子的我們，都看在眼裡。

然而，童年時期有個畫面，至今依然清晰，特別在年節。

關係中的不安，成了心中的枷鎖

媽媽一日回外婆家吃飯，外公說：「妳去買一個日本製的保溫瓶給我。」媽媽回應：「好。」隨即轉身，眼神落寞地看著地板。當年，我只有五歲，然而，那份委屈與無奈的感覺，我一直深刻難忘。前陣子，和媽媽聊起這段往事，她除了驚訝我竟然記得外，也跟我說當年那忽然多出來的開銷、那幾千元的保溫瓶，著實讓她勒緊褲袋好一陣子。

就像是許多關於年節文章提到的，光是紅包的數字，就彷彿已先把自己秤斤論兩了一番，足以吞噬一個人的自尊與價值；甚至，如果紅包數字還顯示出手足間的差異，那種遭受差別待遇的情緒，該對父母表達，還是告訴手足自己有多受傷？悶在心裡頭的難受，次次都需要好好安頓，而那份原本血濃於水的親子關係，就在這一來一往之間，傷痕累累。

這樣的關係，一方下意識地用收到的數字、禮物來掂量自己在對方心中的份量，另一方也以自己能給出的數字，來確認在對方心中是夠好的，其實，這都是內心深層的不安與渴望吧！

對於關係，我們有太多的難以啟齒、太多的難以確認，於是，在某些家庭中，年節的禮金，就成了彼此尋求關係認同的一種線索，不自覺地，成了心中的枷鎖。

解開枷鎖，是不停止的練習

外公這樣對媽媽，媽媽也不自覺地這樣傳承。

我，看懂了，是否就能擺脫這樣的枷鎖？不太容易，需要不斷的練習。好長的時間，我也曾經努力追尋這樣的認同滿足，即便有時候自己得像母親當年一樣，勒緊褲帶一陣子，也還是會覺得自己是個有能力的人，才能帶給母親這樣的幸福感。不過，這真是個無止盡的循環，對彼此來說，更是一份有條件的愛，也是一份很深的失落。原來，人本學派卡爾．羅傑斯（Carl Rogers）所提到的無條件的愛，是好難得的存在，我在努力追尋認同之後，得先接受它不存在！

這是一個關於生命與愛的功課，練習如何去愛：

1. 努力練習看見一代代之間的循環、認清這循環所需付上的代價。
2. 在每次的枷鎖面前深呼吸，然後以能力所及的方式去回應。
3. 練習承受對方「一時」的控訴或比較，接受自己的有限，練習努力穩住自己。
4. 不去承攬對方的對價與問題，才有可能讓彼此練習跳脫枷鎖，至少自己得先練習跳脫出來，練習去「相信」心意不該對價。

面對原生家庭，我們在此長大成熟，有時也會因愛而感到受傷，但也需要明白，愛雖然不夠完美，其中仍然有愛。當我們努力看懂原生家庭中的枷鎖，不停止地練習去相信這份愛沒有對價，亦是一份對於未來家庭的祝福。

我的軟肋，讓我受苦了

從反覆出現的困局中認清自己的軟肋，
設下清楚的界線，好好保護它，才能守護自己。

「我快累死了，工作都做不完」、「事情真的很多，每個都有時間性」、「為什麼都是我？我都已經……到底還想怎麼樣……」

曾經，好多年的時間，一早清晨四、五點起床準備工作資料，可能是演講的PPT、可能是要遞交出去的企劃案、可能是當日開會需要預備的資料等等。我總說，自己清晨的腦袋最清晰，也不會被人打擾。

我相信，你不一定清晨工作，但可能是深夜到凌晨工作，你凌晨剛睡，我清晨剛醒，雖然不知道你是誰，但我們應該都各自默默地進行無數個交班吧！

好多年的時間，清晨收工後，盥洗出門上工，下班後，有時再移動至諮商所接個案。假日呢？有時，因為工作需要配合出席宣導活動；真的沒有工作時，我只想癱在家裡，不想出門聚餐，對家人暴躁易怒，呈現「輕輕拍打，就會咬人」的狀態。甚至，曾有一年，五月到七月，幾乎沒有一個週末休假。

文章一開頭的那些心聲，我講了無數次，全職十多年，應該就講了這麼多年，那段時間，我工作很認真，大家也都說我很專業又有效率，但卻是我負能量最高的時期。

你的界線不清楚

直到某一次，我的督導在簡單關心近況後，對我說：「妳這麼忙，是妳的界線不清楚。」「界線不清楚」，天啊！對一個學諮商的人來說，是很大的質疑！更難以接受的是，多年來，我對自己的認知或他人給我的回饋，一直都是個界線清楚的人，所以，當下我實在很難接受。不過，我現在可以承認，那些年，我的界線真的不清楚：

- 當你因為「我不做誰能做」，是替對方承擔問題核心的責任，讓問題一直存在。
- 當你覺得「沒有人能幫我」，其實是你不接受或相信有人可以跟你一樣。
- 當你希望「這些都是我覺得很重要」，可能是你有更多的渴望在其中，也許是被認同，也許是在乎對方心中的份量。
- 當你堅持「要很完美」，可能是你不能接受自己不夠好。

以上，都是我曾經有過的情結。如果不是被信任的督導挑戰，我是很難往困境中去抽絲剝繭的，我只想說：沒辦法，工作就是這樣！

原來，界線，一直都是練習題，是自己的選擇，是自己的責任。

從反覆困境中找到軟肋

生命中，總有些事情是反覆出現的，像是重複出現的循環，換湯不換藥。例如：職場裡，我是拚命三郎，工作能力很容易得到認可，卻總是處事不夠圓滑、容易得罪人、堅持己見等等，然後還覺得自己很委屈。

一旦認同了工作的目標與意義，就會努力背負使命且盡力守護心中所認同的價值，拚命的同時，就總有不夠周全之處；而老闆通常是這樣的，希望你好還要更好，告訴你：「不要問誰該做，這事你不做，那該怎麼辦？」我又會因為責任感，一再承接責任，也累積更多的怨懟。

在很苦的時候，督導問：「在家中妳是大姊，妳常常姊代母職，而妳的母親也總會在妳撐不住的時候，及時出手保護妳；在職場，妳撐不住的時候，有人出面保護妳嗎？」那一次，我在諮商室裡哭得很慘，也很痛快，撥雲見霧，因為，終於理清自己的反覆困境從何來。

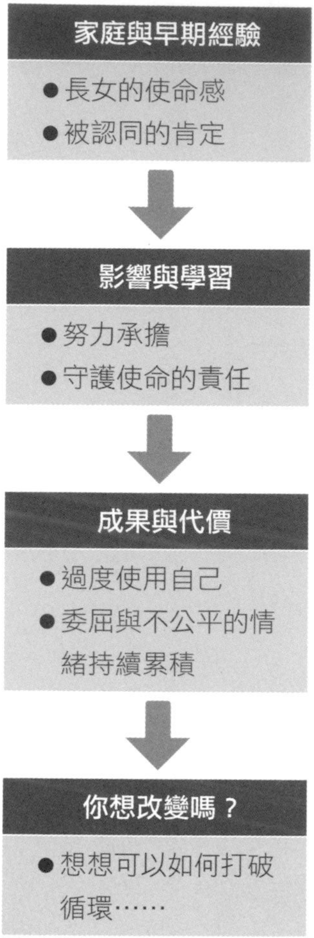
家庭與早期經驗
●長女的使命感
●被認同的肯定
影響與學習
●努力承擔
●守護使命的責任
成果與代價
●過度使用自己
●委屈與不公平的情緒持續累積
你想改變嗎？
●想想可以如何打破循環……

這是一個願打、願挨的情勢，是共構的，也怪不了任何人。那一次，我終於明白家庭不是職場，我守護使命的模式如何自動化地複製在職場或生活中。不過，守護家庭還有家人會保護我，其他的地方，未必有，反而使我身陷反覆過勞、受苦的情境之中。

認清並保護自己的軟肋

第一步就是要先認清你的軟肋，好好保護它，以避免重複循環的模式／重複上演的情節。舉例來說，像是以下幾種例子：

A.當對方靠近時，自己就落荒而逃？或是，自己渴望穩定的關係，但每段關係都很短的結束……

B.從來都不會拒絕別人的要求，但每次答應後又讓自己疲憊不堪，怕拒絕對方，自己又會有罪惡感……

C.不太確定下一步該怎麼做，當別人給我建議時就接受了，但好像都不是自己要的……

D.面對強勢或有主見的人，自己就說不出話來，長久下來反而被誤會成是個沒有想法的人……

E.即使已經小有成就，但總覺得不夠好，甚至會有不時的焦慮浮現，只好繼續努力追追追……

F.知道對方做得很好，但總覺得說出讚美的話語是一種矯情，常常被誤認是一個嚴格的人……

上述的每個情節，可能都有你我熟悉的身影在其中，想想出現在自己身上的「情節」是什麼，再進一步探索這些情節背後的「情結」是什麼？

1.早期經驗與重複循環的情節間關聯

2.認識這些過去（情結）對自己的影響
3.接受與感受它們帶來的影響／代價
4.重新思考這些影響／代價讓你有多困擾？你想改變嗎？

你是否也有重複上演的情節／循環？你知道自己的軟肋在哪嗎？認清它，好好保護它。

每個人的生命，都有自己的軟肋，是生命中的軟弱之處，只有自己先認清了它，接納它對生命的影響，才有可能跳脫被操控的循環，改變反覆上演的情節。上帝讓人們擁有很特別的東西，是自由選擇的意志，認清這些重複循環的模式與情節，就有機會開展一個再決定的人生旅程。

愛的加油站

試著從不斷重複出現的困境中，找出自己的軟肋：

- 早期經驗與重複循環的情節間關聯。
- 認識這些過去（情結）對自己的影響。
- 接受與感受他們帶來的影響／代價。
- 重新思考這些影響／代價讓你有多困擾？你想改變嗎？

想念，沒關係的啊！

想念，不會讓人一蹶不振，不會讓人就此停格，

學習和想念共處，才能真正的走過。

諮商室裡，常有人這樣告訴我：

「我想忘了他，可就是沒有辦法……」

「我好怕一直這樣下去，我永遠好不了！」

「他們只會叫我不要再想了，讓自己忙一點就會過去。可是我好弱，晚上一個人的時候我根本無法承受，怎麼辦？」

「家裡都不談，好像她根本不曾存在過，但明明我們是一家人啊！」

不論是失戀、失親，似乎我們都好怕「想念」會使自己就此停格在悲傷裡，而拚命想消除這些想念的症狀，包含哭泣、回憶、發呆、失眠、夢境……好怕會一直沉溺下去、一蹶不振。

只是，當我們愈想消除這些想念的症狀時，其實，是讓它們更深地潛伏在你無法預期的日子裡伺機反撲，而當它們無預警的反撲之時，我們會更加感覺失控。那該怎麼辦呢？得先願意給悲傷一點空間。

某一年年初，我深愛的外婆過世了。那陣子，我時常會想念外婆、會感到鼻酸，對很多事情興趣缺缺，甚至有些易怒；外婆總有一天會過世，這是我早有預期的失落，但當這天真實來到時，即使自己是心理師，都無法從容以對。

先允許「想念」，才能「走過」悲傷

那些不同平常的反應，甚至無法控制的淚水、突然浮上心頭的傷心，都代表著對方在我們的生命中真實存在著，他／她的離開，是我們某部分的失去啊！很久以前，自己還在接受「悲傷輔導」訓練時期，當時雖然很年輕，生命也還沒有經歷過什麼重大失落，但心裡卻有個很清晰的念頭：如果有一天我突然失去外婆，那將是唯一可以把我擊潰的失落，甚至可能影響自己的專業能力。

即便帶著這樣的危機意識，在外婆中風剛倒下時，其實我壓根不敢回去探望她，每回見她只能躺在床上，就會提醒著我：那個硬朗、大嗓門又勤快的外婆不見了。每回接到她的電話，問我：「怎麼沒有回來看我呢？」我只能強忍鼻酸地用忙碌來搪塞，而她卻從來不吝惜說愛，她讓我知道在這個世界上，無論我做什麼，她都會是愛我的。

即使自己擁有心理諮商的專業，陪伴不少失落與傷心的當事人，但在死亡的面前，仍會想要逃避，仍然是如此的渺小與軟弱。在外婆最後的那兩年，我很刻意地調整工作型態，讓自己在物理的時間與心理的空間上，有所餘裕來預備「死別」這一題。也是走到了這一題，我才明白面對失落的這條路不好走，也走不快。

面對失去，就讓自己好好想念吧

● 不要害怕眼淚

外婆剛離開的時候，我想到就會不時鼻酸、掉眼淚，我會緩緩地深呼吸，心裡對自己說：「是啊，我好想念她！」允許自己好好難過，別太苛待自己，真實地展現軟弱，往往讓你我更堅強。

● 給自己想念的空間

在華人的文化裡，總覺得自己在別人面前落淚，是軟弱的表現，甚至有些人會感到難堪。外婆過世的那陣子，我刻意減少工作的安排，讓日子稍微鬆一些，給自己較多的獨處時刻，給自己一些空間去想念。

還記得，很多年前，一個實習生和男友分手了，我讓她休息了一週，希望支持她不要害怕傷心，好好照顧自己，因為，我相信只有她懂得如何經歷傷心，才能真實地陪伴傷心的當事人。多年以後，當她成為執業心理師後，也告訴我當年的那段經驗，讓她更明白如何陪伴自己的服務對象。的確，真實走過的，都會是未來的養分。

● 維持日常的運作

想念的那些反應，雖然和平常的自己很不一樣，卻是非常時期的正常反應。在這段日子裡，給自己空間想念，也仍需要盡量維持日常生活的運作，可以讓我們不那麼害怕想念。像是當父母的別忘了照顧孩子，工作的人可以休息一段時間後再恢復上班。或許也可以找個事情做，我自己會烘焙、畫畫，讓情感緩緩地釋放，但同時又能慢慢、專注地把事情完成。

每每低潮時，我都提醒自己只是需要時間，讓生活慢慢運作，它也許無法恢復過去的模樣，但會有一天，長出新的日子。

- 接納非常時期的品質或產能下降

外婆過世的失落，我自己至少有整整一年都是很低潮的狀態，但不代表自己什麼都不能做，只是需要接受這段非常時期的正常反應，接納這時期的自己，有時候會比較沒有耐心，有時候思考組織能力沒那麼好，沒這麼有效率；我想，這也是過程中的最大挑戰，我們需要提醒自己只是這段日子，並不會就此失去那個原本有能力的自己。

- 沒有反應也是一種反應

如果，頓時說不上來自己的感覺，甚至看起來很冷靜，其實，那也是失落後的一種反應，不需要懷疑或責怪自己，我們只是需要時間慢慢消化而已。

- 想念沒有時間表

一段關係的逝去，都是我們生命裡的曾經存在，存在的長度常常難以計算或言喻，用半年來走過一點也不算多。在和想念共處後，何時才叫走過？諮商的時候，我會說至少給自己半年；然而，何時真的走過，當那天來臨時，自己會知道的，你會發現自己的反應強度、頻率緩緩變化著。

還記得自己歷經九二一大地震的逃難經驗，初期，看到地震遺址被當成觀光景點，我會感到生氣、難過；近幾年，看著那些遺址，我還是會鼻酸，卻不再像過往般的生氣與難過。面對失落，是生命難以抹去的重要記憶，是曾經擁有的生命記號。

想念，是為失去找到生命記憶的位置

外婆的離開，對我來說，我好像失去一個會直接說愛我、不論我的好壞都愛的人，這確實是生命裡好深的失去，因為，我甚至不知道以後還會有像她這樣的人出現嗎？但是，她的愛，養育了我的自信，讓我經驗「愛可以是包容與付出」，她示範了無悔付出的樣式。我想，我在想念她的過程中，看見了意義，找到了安頓的位置。

不論這段失去的關係，你我是否願意，失落或死亡，從沒有真正預備好的一天，但是，當它真正來臨的時候，你可以選擇好好去經歷，選擇它如何影響你的未來，對嗎？
想念，不會讓人一蹶不振，不會讓人就此停格，學習和想念共處，才有走過的時候。
想念，沒關係的啊！

愛的加油站

面對失去，心態可以如下調整：

- 不要害怕眼淚。
- 給自己想念的空間。
- 維持日常的運作。
- 接納非常時期的品質或產能下降。
- 沒有反應也是一種反應。
- 想念沒有時間表。

傷心的人，請舉手

生活中的憂鬱、低谷或黑暗，其實並不困難，

真正的困難是——你以為它們很可怕。

有時候，你明知道對方不是這樣，但你始終無法不怪罪自己；有時候，你明知道身體有限制不是你的錯，但你很難不否定自己；有時候，你明知道家庭不是理想園，但你很難不去埋怨……以上，在心底長年堆疊深深的無力感，你拚命想翻轉它，想透過更多的努力、更多的用力來消滅那份不能改變的事實（無力點），卻使自己經驗到更多的挫折，更深的無力，不僅精疲力盡，身旁的人也好難理解與靠近。

不只是個案，助人者也會感到無力

有幾年，在主管職位上一直處於「卡關」，和部屬的關係成為我的困境，甚至一次有幾位同仁同時離職，讓我在年底各方案結案的關鍵時刻備感艱辛，當時我的上司認為我的領導過於嚴明不二，認為我不懂得適時地鼓勵、讚美下屬。不過，身為主管，在實際業務需要有人執行的壓力底下，任何建議對當時的我來說，都好難消化，我覺得自己只能先把眼前的難關度過、只能咬牙撐下去……

同時期，我得知父親過世的消息，雖然自小學畢業後再沒見過他，但就是有一種淡淡的、緩緩流出的哀傷，加上得知消息時，喪禮已經結束，連思考是否要去說再見的權利都沒有，對我來說真是蠻失落的。同時期，我需要和父親再婚的子女見面，處理遺產是否繼承或拋棄的議題，了解法律程序，去戶政、法院辦理相關手續，這些都和工作困境交疊一起。

當時，為了兼顧家事與公事，我會算好交通時間，請假從台北奔回桃園申請文件，再飛奔回辦公室繼續處理公事，時間妥善又精準地被我使用著，但心底仍不時浮現委屈的感覺，總覺得自己的工作是陪伴他人，但在這時刻的我呢？我反而更徹底地使用自己。

那陣子的低潮，常在下班的捷運上，一閉上眼睛，揮之不去的負面感受就會席捲而來，使我忍不住地落淚。那時候的我，一度想撇下一切，我想辭職，不只辭職，我想離開這個行業，換個完全不同的專業領域試試，甚至考慮過去應徵社區便利商店的店員，做什麼都好，只想遠離。

要遠離些什麼呢？遠離那些讓我失望的人，有個前輩對我說：「妳對人的期待太高了，這樣注定會失望。」沒錯，我確實很失望。

人生和無力感的共存

其實，我的努力是為了讓自己盡力完美，同樣地，我也用這樣的標準來期待周遭的人；那些困境交疊在一起的時候，讓我直視原來自己再努力都有不夠好的時候，原來曾經景仰的人可能也不夠好。學諮商的我，理性上明白沒有人是完美的，由卡爾・羅傑斯（Carl Rogers）為首的人本學派提到，健康的人是理想自我與現實自我接近但不完全重疊，還代表著有很好的成長空間。我的痛苦則來自於理想自我與現實自我相差得太遠，是事實，卻仍抗拒著。

粗淺比喻如我自出生視力就有問題，先天的不良，最後高度近視，我該窮盡金錢去想方設法治癒，還是選擇戴上眼鏡，將其資源精力投注在生命其他事物？當我們過度用力、過度執著之時，想想那份深藏內心，被你忽視已久的無力感吧！每個人的生命，終有個深處是我們無力改變的真實，接受它的存在，繼續往前走，也許，無力不再困住我們，才是翻轉。

最珍貴的專業學習，是走過低谷

對我來說，專業最珍貴的地方，不是擁有那些專業認證，不是擁有那些教人走出憂鬱的技能，不是那些專業訓練能教會我的⋯⋯

有陣子，下班後的時光，為了想擺脫那些負面情緒，我會去吃美食、去購物、找朋友宣洩，當下都能有所抒解，但無法真實感到解脫；後來，我決定開始嘗試做一些不擅長的事情，就像是主管職一樣，不比我在諮商室內晤談那麼上手。

不熟悉的烘焙，從手拙的塑型，讓我一再經驗到不完美，從各材料的精準，讓我學習控制與失控之間的選擇，從等待發酵的時間裡，讓我磨練等待的智慧與耐心。

漸漸地，我接受了不完美與不擅長，學習等待與接納差異，看見選擇的空間。我經驗到要擺脫負面，不是嘗試去消除，而是去接觸與理解，我真實接納了自己，再做出的選擇，只是適合自己，而不代表好壞之分。

所以，在部門危機相繼解除之後，一方面自己終於在專業品質與管理中學到平衡之道，另一方面我決定重新思考生活的順序，需要給自己更多的時間與空間來走過失落，我也接受自己只能專注把一件事情做好的限制，要說我走出來了，不如說，我把那些「不想承認的我」認領回來了！

現在，陪伴憂鬱低谷的當事人，我並不焦慮自己給不出解決與擺脫困境的「專業／建議」，而是能平穩地引導對方去接觸與陪伴他貼近那低谷。也許，因為我先走過了，所以更知道如何擔任黑暗中的嚮導了吧！

試著用自己熟悉的方式，比如用熟悉的創作或書寫去貼近低谷；或是，試試陌生的語言去幫助自己卸下防衛，像是：慢跑或是烘焙，甚至諮商等等。

憂鬱、低谷或黑暗，其實並不困難，真正的困難是，你以為它們很可怕。別怕，這本書希望告訴每個傷心的人：請舉手，我們會一起走過的，一起把自己找回來！

Chapter 02

和不同的生命相遇：理解那些傷心的人們

痛苦需要被發現、被傾聽，
才有治癒的可能。
在諮商過程中，和不同的生命相遇，
從傾聽中理解這些傷心的人，
陪著他們一起找到重新出發的力量。

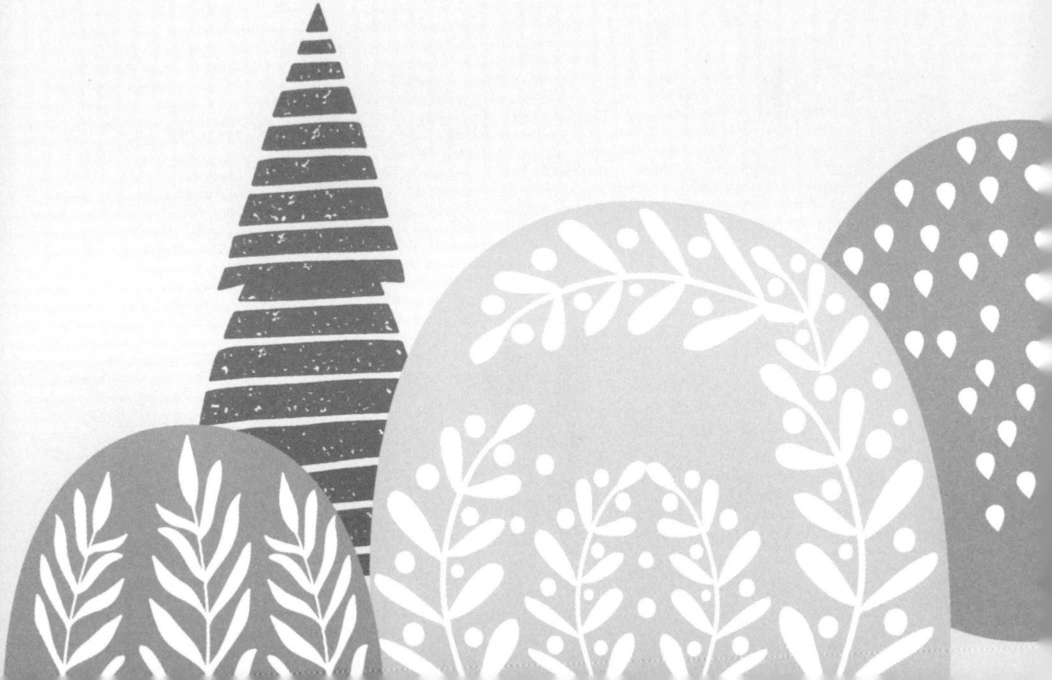

帶著憂鬱前行，
有天會看見前方的光

讓長大的自己，牽起當年那個受傷的內在小孩，
一起同行走過黑暗低谷，才能看見光。

小可來到我的諮商室裡，我問她：「是什麼原因讓妳想來諮商？」她看著我，表情有些忐忑，輕聲回應：「我好像有點憂鬱……」話還沒說完，眼淚便不自主地落下，也許是覺得有些尷尬，快速地抽了張衛生紙，迅速地擦去眼淚，連忙對我說：「對不起！」

小可接著述說從懂事以來，自己有多麼地努力當個認真的乖孩子，希望能得到母親的認可，渴望著有一天，母親能夠看見自己的努力，那怕只是一句簡短的「妳好棒」。成年之後，離家求學與工作，工作中的自己，是拚命三郎，總是提前到辦公室預備一天工作，常常是最晚打卡下班離開的那個人，直到身體免疫系統出問題；結了婚，努力扮演著好媳婦、好媽媽、好女兒，然而總感覺無法面面俱到。她開始發現自己的情緒不對勁，變得容易生氣，深夜不只失眠還不自覺得想落淚。小可說：「我好像什麼都做不好，我的先生很想幫我，可是我就是好不起來……我媽媽甚至覺得是我太軟弱，這真的讓我很受傷又生氣……」

通常，第一次見面時，我會先花點時間了解當事人的狀況，我會問對方：「如果諮商真的有效，你會希望有什麼改變發生？」有些人能說出一些期待發生的改變，但也有些人會像小可一樣回答：「我不知道……」接著再度流下淚來。

對未來的無力感，比憂鬱更可怕

其實，面對這樣的情況，多數人並不是對改變沒有任何期待或想法，而是在內心深處很難承認有些事情，我們無法改變；我們不願意承認那份無力的事實，深深地被自己給困住，落入憂鬱情緒的低谷之中。

面對憂鬱，常使人喪失生活動力、失去未來的盼望，特別是在萬物需要休養生息的秋天，讓人更想躲進自己的世界裡，不想和誰多接觸一刻，然而，內心深處自問，卻也不甘心就這樣臣服於憂鬱。

有些人會說：就算我去嘗試改變，他們不改變，就還是會影響我啊！

有時候，明知道事實不是這樣，但卻始終無法不怪罪自己；有時候，明知道對方操之不在己，但好難不試圖去改變對方；有時候明知道家庭不是理想園，但很難不去埋怨父母、家庭。

生活中，我們還必須帶傷上陣，可能還得強打起精神來，讓自己看起來還是有好好的工作，扮演好一個妻子或母親的角色，讓自己看似能擔當起丈夫或兒子的責任，期待著某個人或某段過去可以改變，可以有所不同，卻反倒使我們不斷重複經驗失望、挫折與傷心，陷入某種循環之中。彷彿看不見未來，會有什麼不一樣，而讓人更加無力……

當我們過度用力與執著之時，想想那份深藏內心，被你忽視已久的無力感吧！

每個人的生命，終有個深處是我們無力改變的真實，正面端詳它的存在，揪著心好好哭幾場。就像是小可，不論長到幾歲，內心深處某個角落，她仍然期待著母親可以看見自己，直接地肯定自己的努力，這種再努力也得不到的失落，可能不停地延伸至工作與生活中，一次一次地觸及深處不願面對的無力感受。

我常常覺得，承認與接受無力之後，才是真正失落的開始，才是療傷與復原的起頭。就像是跌倒重摔之後，不再是強忍不喊痛地拚命站起來奔跑，而是可以承認痛楚與受傷之處，好好地為傷口上藥包紮，療傷止痛、復健後再起的過程。

擺脫憂鬱，讓我們從小處著手

憂鬱，是來自於長年的失落、壓力或傷痛，致使腦部運作發生了狀況，產生了憂鬱的狀態。當憂鬱嚴重影響生活正常功能運作之時，除了諮商，我們還是會建議就醫尋求藥物的協助。然而，除了藥物、諮商之外，「動」起來，是很重要的關鍵，看似表面的「動」，可能需要費盡力氣與心力，卻能緩緩帶出更多的力量。

所謂的「動」，可以是外在的動，找一個你能投入的事物，像是運動、閱讀或畫畫。也許，你會覺得以前會做的，現在都沒有動力了，但正是如此，才需要試圖動起來。

從你熟悉的方式開始試試，例如：

1.從前，你可能喜歡運動或跑步：只是，需要降低標準，過去一次可以跑十圈，那我們就從願意出門散步開始。

2.曾經，你喜歡閱讀：過去可以好好看完一本書，我們從一天一頁開始。

3.說不出來的話語，讓創作來幫你說：過去可以創意滿點創作一幅畫，我們從用顏色訴說心情開始。

運用熟悉的方式開始動起來，但需要放下過去的標準，接納這是低潮時期的正常狀態，這像是一種復健的過程，用小改變累積大改變。

打破框架，運用陌生資源來引路

如果對過往熟悉的方式完全不想再碰觸，那麼想想過去有沒有什麼樣的事情或夢想，是一直想去體驗卻沒有行動的呢？從沒有經驗值的方式開始，也可能讓自己比較沒有包袱與壓力。

有個當事人告訴我，他一直想出國念書，但考量經濟與年紀等條件下，實在沒有辦法實現，我們就一起「在限制下尋找可能」，透過幾次諮商的討論，他給自己爭取了一個短期出國志願服務的機會，帶著期待出國，與低潮的自己，展開冒險與療癒的旅程。

上述兩種方式其實都是藉由「動」來改變現況，前者屬於外在的動，後者則是內在的動。內在的動，是從選擇過往你不熟悉，或想嘗試卻沒有試過的方式來幫助自己，也可以透過專業諮商的協助下，試著正面端視心中那份無力來源，試著接觸內在深藏已久的軟弱。

曾經，有個當事人告訴我，這歷程很像要打開一個黑盒子，你以為害怕的是未知，事實上你早就知道它在哪裡，盒子裡面是當年受傷的自己，那個受傷的小孩一直苦苦盼望著被理解、期盼一切照著理想發生。這是個大手牽起小手的過程，是讓自己長大的手，牽起當年那個受傷的內在小孩，試著去理解那份過往的傷痛，接住自己的軟弱，容許自己需要一段時間，緩緩地走過憂鬱。

陽光普照，有陽光就會有陰影之處，每個人的心中都有塊脆弱之處，需要被容許存在與接納。

如果，這篇文字讓你有所觸動，我想那是我們曾經或正處於憂鬱低谷狀態之中，除了建議尋求專業資源外，最想跟你說：「別怕黑暗，只有走過黑暗，才會看見陽光！」

愛的加油站

想擺脱憂鬱，除了諮商、就醫外，最重要的是迫使自己「動」起來：

- 外在的動：
找一個熟悉的、可以投入的活動，但須放下過去的標準，逐步改變。
- 內在的動：
選擇一個不熟悉，或想嘗試卻沒有試過的活動，並透過諮商，試著接觸內在深藏的軟弱。

性別暴力：
親愛的，這不是你的錯

不論你的反應是什麼，只要任何違反個人意願的行為，
都是一種侵犯，這絕對不是你的錯！

「沒有人知道我有多痛苦！」

「為何只有我自己處在黑暗深淵裡？」

「你們不是我，不會懂的！」

當事人這樣深切地哀嘆與呼喊，映照著語言背後所遭遇的性別暴力創傷，不得不承認，即使是受過專業訓練的我，依然無法確切知道這傷痛，究竟有多深。

這篇文章，是想跟大家分享性別暴力（Gender-based Violence）的創傷經驗，涵蓋著性騷擾、性侵害以及夫妻或情侶間的暴力。也許，有許多為此所苦的人，努力撐著讓自己看起來沒事，而那些撐住之下的內心，都有著說不出來的苦，像是：

「那天，是跟主管出差的第三個晚上，主管要我去她房裡討論明日會議的資料，沒想到喝下她準備的飲料，我全身沒力……只能任她擺布，我沒有對任何人說起這件事情，妳會相信男生被性侵嗎？」

「好像是小事，就幾年前和朋友在Pub裡慶生，莫名其妙地被人摸了，朋友覺得只是摸了幾下還好，但我想起來就覺得噁心，更害怕有人忽然靠近我……」

「他是我的老師，我實在很難相信這是真的，我也害怕會這樣被他當掉，也怕講出來沒有人會相信我，我當時真心以為畢業就沒事了！」

- 你為何沒有說「不」、怎麼沒有反抗？
- 你的說法顛顛倒倒的！

其實，記憶會隨著時間減退與模糊，當大腦的恐懼神經迴路被刺激之下，記錄事件發生順序、地點等細節的前額葉皮質就會跟著衰退，而記錄感官記憶的大腦部位就會開始發揮作用。我們面對威脅的當下，可能會本能地愣住、凍結、癱軟或身心解離，或在安全保命的前提下，以上述反應來尋求自我保護。

更重要的是，沒有說「不」或反抗，也不代表同意，重點是我們沒有「積極同意」（Only yes means yes）的狀況下，任何違反個人意願的行為，都是一種侵犯。換言之，上述提到的誤解都是正常的反應。

我相信，有許多人和曉鈴一樣，對自己當下或事後的反應感到困惑與困擾，然而透過許多當代神經生物學相關研究結果顯示，許多看似不合理的反應，其實是非常合理的一種「非常情況之下的正常反應」。然而，這難以為外人道的苦楚，就像獨自處在黑暗深谷中，日日夜夜地輕泣著，卻無人知曉。

療傷，是為了照顧受傷的自己

許多人可能會認為，基於盡快恢復正常生活，或是宗教信仰的角度，會希望當事人能夠放下或寬恕對方；理性說來似乎沒有什麼問題，頗有一番道理，卻容易使人忽視創傷的影響性。

因此，面對創傷事件造成的衝擊與影響，是為了不讓那些「過去」持續地影響現在與未來；尋求療傷止痛的過程，是為了減緩「過去」所造成的干擾與影響，重新拾回那屬於自己的未來與生命主權。如果，你曾經是遭遇性別暴力的倖存者，有幾件事情，特別想跟你說：

1. 這不是你的錯

一個人遭遇危及生命的事件時，引發心理創傷，當下為了活下去，人類會立即切換大腦開關，將原始的生存策略搬出來，這個策略就是逃跑或攻擊。當自己逃不掉也沒辦法對抗時，還有一個自衛方式，那就是「僵立（Freeze）」。僵立與逃跑（Flight）或攻擊（Fight）一樣，是動物為了生存最普遍與基本的反應。所以，不論你當下的反應是逃跑、攻擊，或是僵住，你都已用盡本能地去啟動保護機制了。

不論你的反應是什麼，只要沒有經過你的同意，那都是一種侵犯你的行為，這絕對不是你的錯！

2. 認識創傷反應

事件的當下，也許我們都無力預測與控制，但在創傷之後，當我們起身去認識創傷反應與尋求因應之道時，便是賦予自己力量的開端。關於創傷反應，大概有幾個面向：

- 想法：腦海重複出現當時的片段畫面，難以抑制。
- 情感：麻木、退縮、精神緊繃、焦躁或易怒，情緒低落或憂鬱、哭泣、自責等。
- 行為：出現喝酒、抽菸、大量咖啡、酒、服用藥物等以減輕心理或身體不適的症狀。
- 身體出現不適：如頭暈、心悸、頭痛、發抖、噁心、胸悶、月經失調、吃不下等。

創傷反應，通常會讓我們感到不安、失控與不舒服，曉鈴甚至會覺得不公平，為何被傷害的人是她，她卻得承受這些呢？每每聽到曉鈴這樣說時，確實會對這樣的處境感到心疼與不平。不過，創傷反應也在發出訊息：真的是受傷了，給自己療傷的機會，好嗎？

3. 建構安全的生活感

復原，有兩個好重要的原則：一是前面提到的停止自責，相信這不是你的錯；二是讓自己處於「安全」的生活狀態。安全感的建構，包含環境上的安全，穩定經濟的基本需求，不勉強自己處在沒有安全感的場所，盡量尋找一些方式讓自己感到有安全感。

有些人透過信仰來安頓無助感受，有些人將注意力投注於父母或孩子的照顧，有些人透過規律地上學、上班或運動來創造生活秩序感。方法沒有好壞，也沒有標準答案，只要能帶給你安全感，同時不會付出更大代價的，都是好方法。更重要的是，透過創造安全感的過程，練習去相信自己有能力重建生活。

4. 尋求專業資源

復原，是一段重建自我的旅程。創傷造成的影響，往往是深層的長期傷害，卻不會是不治之症，只要願意尋求專業資源的協助，像是醫院身心科、心理諮商等，好好照顧受傷的自己，讓過去成為過去，幫助現在的自己，成為有能力創造未來的人。

電影《珍愛人生》（Precious）裡有句對白：「**黑暗中，唯一的光，就是心底的那盞燈，即使在逃出隧道很久之後，那道光，還能夠繼續照亮其他人。**」即使，許多時刻，你都覺得沒有人能理解你有多苦，也沒有任何一種補償可以抵銷這些受苦，但我相信，那傷害你的，永遠也拿不走你心底的那盞燈！

關係暴力：你為何不離開他？

在一段危險關係裡，即使不被理解，你仍有求助的權力，
請練習相信自己值得好好被愛。

巧兒第一次來見我時，她有著姣好面容卻愁苦的表情，如果仔細端詳，更可看見精緻妝容底下的許多傷疤，使我印象深刻。第一次的諮商，她告訴我，她和同居人相識十年之久，他們之間有著長期的暴力問題，她說：「社工給我填那個量表，說我們的危險等級是最高級。」一個小時的會談裡，她不停泣訴自己有多痛苦，一段離不開的關係，讓她失去孩子的監護權，被原生家庭拒絕往來，而前夫也拒絕她探視自己的孩子。

第一次會談結束時，我請她去櫃檯預約下次諮商的時間，我則回到諮商室整理方才會談的資料。然而，低頭振筆疾書的我，忽然抬頭瞧見門外等待區有一雙犀利的眼神注視著我，那是巧兒的同居人阿勇，阿勇敵意滿滿的眼神，讓我有些不寒而慄……也提醒著我，要幫助巧兒，必須先思考如何不成為他們的敵人。

我不是巧兒的第一位諮商師，將近十年的親密關係暴力裡，巧兒經歷過數位家暴社工的協助，社工們為了協助巧兒脫離暴力關係，也替她安排過幾位心理師的會談。不過，只要會談進展到「為何不離開他」的討論時，巧兒就會先離開這些助人者；對巧兒來說，她不是不知道這段關係帶給自己的傷害，其實無法下定決心抽身的她，也無法面對她自己……

每一次，她離開這些助人者，其實都是再一次地離開她自己。

面對自己太難了！

面對自己，究竟有多難？像是買衣服試穿的時候，我們會特別喜歡顯瘦的穿衣鏡，以忽略實際身材的胖瘦狀況；挑選浴室的鏡子時，可能也喜歡不那麼清晰的鏡面，就像現今手機拍照時，很喜歡使用美肌軟體一樣；本能地，都對那些難以承認的真實感到抗拒，許多時候，寧可掩耳盜鈴地期待奇蹟會發生。

面對自己是如此的困難，於是反覆困境的存在，也會讓人深陷愁苦鬱悶之中。巧兒的關係困境，讓她落入長期的憂鬱狀態，需要服用憂鬱症的藥物來穩定情緒與睡眠，也曾在激烈的情感衝突過後，難以消化強烈的情緒風暴而選擇傷害自己的生命，進出醫院急診室多次。

諮商初期，我試著只是單純地去理解巧兒對於這段親密關係的看法。對於巧兒來說，面對這段親密關係，有著許多複雜的情緒。曾經歷過一次失敗婚姻的她，依舊渴望愛情，心裡頭總是希望有個肩膀可以依靠；然而，對於同居人的暴力相向，有時也會想以命相搏，更多時候會想要結束這一切，彷彿大怒神般起伏的情感與情緒，實在使人身心俱疲。

遭遇情感關係暴力循環的當事人，心裡早就自問無數次「你為何不離開他」，答案常常有許多矛盾拉扯的念頭，像是：

「我知道這是一種暴力，但我無法承認暴力發生在我的身上。」

「好像這段關係還維持著，才能讓我感覺自己是被愛的。」

「明明這個人會傷害我，我卻無法離開對方，好像再努力一下他就會改變、證明我沒有選錯人……」

「你知道嗎？他帶給我痛苦的時候，好像我只需要處理他帶來的問題，而沒有我自己人生的問題！」

「每次他生氣的時候，我就更想做些什麼來使他不生氣，就像小時候爸爸情緒不穩時，我要更努力乖乖的。」

其實，阿勇是不是一位好情人，巧兒心裡比誰都清楚，只是一直待在這段關係而不離開，往往有更深層的自我議題牽涉其中，離不開的暴力關係，往往是冰山的一角。

明知受苦卻離不開的原因

如果，正在閱讀文章的你，也正深陷一段令你痛苦的關係暴力中，請相信，你值得好好被愛；請相信，終有撥雲見日的那一天；不要輕易放棄愛與幸福，我們一起再次省思如何讓關係與生活更美好，先試著從幾個方面來思考：

1.讓你疲憊又無力的，是無限輪迴的循環

給自己一個安靜的空間，準備一份紙筆，回顧這段時間的暴力衝突事件，寫下暴力事件的過程，暴力行為之前有哪些互動？整理出幾次事件的互動，看看這之中是否有共同的模式，思考著可以如何跳脫循環。用書寫整理的方式，會比較容易幫助自己不陷入情緒之中，也會有助於整理思緒，用一個最熟悉的局外人的方式，來幫助自己面對真實。

2.讓你感到最痛苦的，往往是投入最深的

也就是說，讓你感到最痛苦的，往往是投入最深的角色，對巧兒來說，前次婚姻的失敗，一直是難以面對的挫折，一心想追求幸福，很難接受自己又一次看錯人，再多一點堅持與努力，難道不會不同嗎？

每個人，一生中，總會同時擁有多個角色。巧兒是同居人的情人，更是爸媽的女兒，也是孩子的母親，可能還是某公司的員工。情人、女兒、母親與員工這四個角色，哪個角色令她最為痛苦，肯定就是她投入最深的，同時其它的生命角色也因此被忽略了。

雖然每個人都有生命中最為看重的，然而，我們可以重新調整投入在各角色間的比例；

和巧兒會談的期間，除非威脅生命安全，否則我從來不把諮商焦點放在是否該離開對方，如果有機會，在雙方都有意願改善關係的狀況下，我甚至不排斥為他們進行伴侶諮商……所以，重新檢視生命中的不同角色，讓你最痛苦的是什麼？哪個角色的比重你希望再提升？長遠來看，這是自己對生命再次決定的旅程。

3.讓你失去生活主導權的，往往是付出最多的

俗話說：「雞蛋不能放在同一個籃子裡。」意思是一個人如果把所有的希冀都放在某個地方，那就變成輸不起的局面、放不下的山芋，無形中就變成讓人勒著脖子走的情況。對巧兒來說，她看見自己在愛情裡投入最多，且常因身心狀況不穩定而失去工作，經濟窘迫與關係暴力相加之下，自己的身心狀況就更加惡化，也更難勝任母親的角色……

於是，巧兒不只是看見循環，學習新的回應方式以打破循環，守護自己的安全之餘，選擇調整「員工」的角色比重，投入多一些使工作更加穩定，一次一點點的進步，在工作中漸漸獲得成就感，重新將過往的自信認領回來；甚至重建與父母、女兒的關係，逐漸找回對生活的主導權。你也可以試著先小小地調整生活角色的比重，只要開始，就有改變！

不被理解仍有求助的權力

對於經歷關係暴力的倖存者來說，備感壓力的不只是另一半的暴力相向，還有社會文化裡那些無聲的評價，例如：「這人眼睛就是瞎了，才會愛上這種人」、「講了也沒用，算了別理他」、「你這樣一而再的反覆，誰願意幫忙你」、「女人就該有個人依靠（不管對方做了什麼）」、「這年紀還能再遇到更好的人嗎」。確實，任何親密關係暴力的形式，包括語言、性、經濟控制、精神控制或肢體暴力，都不會帶來幸福的關係，長期下來，往往也會使自我價值產生很大的質疑；甚至因為那些不被理解與社會文化評價的聲音，讓人更加害怕面對真實問題，而使自己落入孤軍奮戰的處境。

然而，即使不被理解，你仍有求助的權力，請練習相信自己是值得好好被愛著，在這世界，沒有任何人可以用暴力去傷害任何一個人。請相信，你永遠有求助的權力，生命的主導權一直都在，只是需要你試著再次拿起。讓自己尋求專業資源的協助，才有足夠能力來改寫愛情故事的劇本。

愛的加油站

113保護專線或各縣市家庭暴力暨性侵害防治中心，社工會與你討論現況與需求，尊重你的意願，告訴你可以有哪些選擇？例如：是否報警、申請保護令、提告；也會評估需求提供相關資源，包括：諮商、經濟或法律資源等。不需要擔心一旦通報就會曝光或惹上麻煩。

別讓童年的人際創傷，成為永遠的停留

正視童年霸凌在人生裡留下的影響，
溫柔地接納並理解自己，才能重新出發。

童年，因為家庭的緣故，我在國小階段轉學過兩次，第一次從A校轉到B校，第二次再轉回A校，雖然是轉回同一個班級，卻沒有因此受到歡迎，我像是最熟悉的陌生人，無法打進任何一個女孩小圈圈。為了顯示自己還是有圈圈的，我總是在旁邊用笑臉參與……直到一位「圈外同學」對我說：「羅子琦，妳不想笑，就可以不用假笑啊！」那一刻，至今難忘，提醒著我在追尋群體認可的過程中，要丟掉自己的本心，是多麼容易的事情啊！

後來，我和那位「圈外同學」成為好朋友，至今始終保持聯絡。成年後，在許多社交或人際場合，我其實仍舊無法如魚得水，但我愈來愈清楚這就是自己的樣子，在不突兀與保有初心之間，學習成為我自己。

童年被霸凌的經驗影響日常

從事諮商工作以來，不少當事人剛開始是因為憂鬱或焦慮來談，就像接下來要和你們分享的故事，他們多數都在成長的某個階段中，曾遭遇被霸凌的經驗：

國中生阿強，因為不斷出現自傷行為，父母為此感到擔憂、苦惱，經學校社工轉介來見我。當我試著了解他的狀況時，他總是非常不耐煩地回應，甚至在某次會談時大聲怒吼：

「妳很煩！」我淡定地告訴他：「蠻好的，你終於說出口了！」像刺蝟的他，瞬間變得溫柔，說：「沒有人這樣對我說過。學校那些同學的行為，大人只是叫我忍耐、不要理……」

大學生小婷，上課的時候，常常有個衝動是讓自己大吼或出醜，這種念頭讓她非常焦慮，主動尋求諮商。小婷說自己國小的時候，經常被同學捉弄，老師冷眼旁觀，回家和母親哭訴，母親也覺得沒什麼大不了……

大學生如軒，長期睡不好，說話聲音很小聲，非常用功、成績好，但總是獨來獨往。常常一開口就是停不住地輕咳，沒辦法好好說完一句話，夜裡的輕咳更嚴重且總是影響睡眠。這些都是他在國中曾遭遇同儕汙衊、師長誤解而有苦難言的影響……

上班族小圓，有一個疼愛自己的丈夫、能帶來優渥薪水的工作，每每見她都是帶著精緻的妝容出現。她告訴我，每隔幾年總會想要在臉上不同部位動刀整型，家人不斷說她這樣是生病，而她自己心裡也清楚，有些經驗就是抹不去又深深影響自己……她總覺得自己一直還是童年那個被同學欺侮的小胖子！

創業小老闆阿德打扮新潮、身上有幾處刺青，我留意到他身上的痕跡，沒等我開口，他便主動說起：「我國中就開始割自己，剛開始用指甲畫，也用過原子筆尖、毛夾，後來開始用美工刀，現在出社會工作，我盡量畫在衣服遮得住的地方……因為高中的我很胖，暗戀一個女生告白被拒絕，還被同學們不斷嘲諷，搞得我常常很焦慮，愈焦慮就愈被笑，只有割幾下才能釋放那些焦慮。」

他們的故事裡都有共同的交集：在成長歷程都曾經遭遇被霸凌的經驗。挪威學者丹・奧維斯（Dan Olweus）將霸凌定義為：「一個人長時間並重複地暴露於一個或多個人主導的負面行為之下。」而霸凌都不是偶發事件，是長時間且多次發生的經歷。同時，霸凌的形式也不只是肢體或言語的霸凌，團體中的排擠或人際中的對立、運用網路社交軟體、媒體散播特定訊息等，都算是一種霸凌行為。

隨著時代演進、科技進步，當事人遭遇的霸凌手法愈來愈多元，而那些被霸凌的經驗，雖然未必會持續發生到現今，但霸凌，卻在生命中展現各種影響，總在日常中備受牽制。

沒有道歉也不被記得的傷害

我的童年經驗亦是如此，國小那段長期被冷落的「圈外人經驗」，我總是強裝沒事，那偽裝的笑臉是想告訴大家：「我才不在乎、我很強壯的！」企圖掩飾被圈外的經驗，其實讓我感覺自己是不被人喜歡、不受歡迎的。於是，當年的我，用那樣的偽裝撐了過來，以致於成年後許多人際場合，即使感到不舒服，我也要讓人看不出來，卻往往隔出了一道城牆，阻隔了和他人的真實接觸與交流。幾年前，因緣巧合再度進入國小通訊群組，當年發生過什麼，除了自己，未必有人記得。

這樣的傷，通常，沒有人會跟你道歉，長大之後，人們甚至不記得他們曾經傷害過你，當年那些痛苦，沉入你的心底深處，沒有人懂，也可能不被允許說出來。對一個孩子來說，得到重要他人的支持與保護，是很大的療癒力量，卻不是每個人，都能得到這樣的理解與支持力量。即便如此，成年後的你，其實就是自己童年的重要他人，那麼，你願意試著學習支持與保護自己嗎？

1. 覺察那些霸凌經驗如何影響自己

有幾句老話很適合用來形容創傷的影響，例如：「一朝被蛇咬，十年怕井繩」、「杯弓蛇影」、「驚弓之鳥」等等，霸凌的影響之所以容易被當事人與親友忽略，是因為常被看成是一種成長中的小事或常態，應當是不足掛齒的過往，卻可能是當事人在成年後亟欲抹去的一段記憶。然而，霸凌行為對於自尊的傷害性是不容小覷的，對於一個人的自我價值與自我概念的發展往往影響深遠。

以小婷為例，她曾經試圖向老師求助、向父母訴苦，被認為小婷大驚小怪，被認為僅是孩子之間的玩笑而已；諮商中，她回想起小學的那幾年，是根本不願再記起的內容，當年的她，告訴自己：「我絕對不要再讓別人有機會這樣對我！」於是，她努力用功讀書，積極投入各種競賽，在同儕面前，總是一副很行的樣子，這些彷彿是面對霸凌後的武裝盔甲，好藏起當年受傷的自己，好讓她對於傷害視而不見。

2. 理解霸凌在日常的影響

當小婷覺察過往的霸凌經驗如何存在於此刻、如何影響自己後，她發現那些讓自己焦慮的「出醜的衝動念頭」，居然也是武裝盔甲的一部分，像是在告訴自己：「與其讓別人欺負我，不如我先讓自己當眾出醜。」要實踐她當年對自己許下的誓言：「我絕對不要再讓別人有機會這樣對我！」小婷對自己的發現驚訝不已。

其實，每個影響的背後，都是一次次呼喊著：「我好受傷！」

如果，你也一樣曾經遭遇過霸凌的傷害，試著探索那些創傷經驗的影響；如果，有個孩子，就像當年的你一樣，同樣的年紀，遭遇過同樣的經驗，感受著同樣的委屈、無助與受傷，你會對這孩子說些什麼？你覺得這個孩子，需要聽見大人對他說什麼？什麼話對這孩子來說是重要的、是可以支持他的？試著將這樣的溫柔、理解也告訴自己吧。

小婷理解自己，她告訴自己：「妳沒有不好，妳要忍受那些真的很難，妳撐過來了！」

3. 改變是刻意練習的過程

未曾意識的過去，往往影響著現在生活的日常，當我們覺察與理解後，便擁有一個重新選擇的機會，為自己決定那些過去是否要繼續影響著未來生活。

像是小婷明白自己為何總是強裝出一副自己都會的樣子，不輕易示弱，她需要時時提醒自己「說不會」是沒關係的，當她腦海浮現那些出醜的衝動念頭時，她會告訴自己不用害怕，那些都只是以前的影響，練習相信自己有能力用其他方式保護自己，她笑說其實自己本來就蠻強悍的啊！也像我自己，開頭提到的圈外人經驗，影響我在陌生社交環境時，都會有些手足無措，總會刻意迴避；意識到自己的行為模式後，很刻意地要做一點小改變，比如：找熟悉的朋友一同前往、試著單獨前往但短暫停留一段時間、提醒自己不須偽裝才會帶來真實的關係……當然，也接納初期自己的不自在。

你會發現，霸凌經驗的影響，許多時候像是一種自動化的反應系統，我們需要透過刻意的練習來創造改變，可能是先將每一次的自動化反應，變成一種「後知後覺」的意識，就會愈來愈具備「有知有覺」的意識，便可能在某一次發生事前的分辨與改變的經驗，逐漸淡化影響程度，發展出新的改變行為。

更重要的是你如何看待自己

那些不堪回顧的過往經驗，可能都曾經讓我們痛苦不已，也可能讓我們感覺自尊受損，甚至因此覺得自己不夠好。除了當事人自己，未必有其他的相關人記得曾經做過什麼，但都不代表應該抹去自己的受傷感覺，這些受傷感覺與影響值得被我們好好擁有與正視，好好看清楚那些受傷之處，好好心疼那些受苦的影響，才有機會將自己從過往未曾意識的困頓中找到解套的方法。雖然，當年的經驗，未必能幸運地得到理解與支持，但請相信撐過那些過往痛苦經驗的你，現在是有能力成為自己的「重要他人」。

過往的經驗，造成的影響與自我暗示，就像是陽光下的陰影面，有時候，甚至會忘了陽光照著我們更多的美好，與值得肯定的自我。所以，只要我們願意正面直視童年霸凌的影響，便有機會選擇不讓童年的人際創傷，成為現在與未來的永遠停留。

成為夠好的自己

我們需要好好地被自己理解，看見內心的受傷與在意，
也看見自己的夠好與值得。

「妳在幹嘛？」「剛下班，怎麼了？」「出來，我在捷運站等妳，我們去居酒屋。」

「老闆！給我來一塊起司蛋糕、白蘭地巧克力幕斯、藍莓生乳酪、還有栗子蒙布朗。」

（甜點數等於心情低落指數）朋友急忙說：「點太多了吧！」

「午休時分，我會快步奔向附近的美式漢堡店，點了花生醬培根牛肉漢堡外帶，配上零卡可樂，好不暢快！沒錯，只有這樣才能繼續下午的工作會議。」

人生，是否太難？

上班族愛咪，一個年約三十出頭的公司小主管，她告訴我上述那些和朋友的對話，都是她的日常生活片段。而這些日常，看似繁華豐盛，為的都只是遮掩她心中強烈的落寞與不滿。

「人生，是否太難？」她說。

學校畢業後，愛咪在工作上一直兢兢業業，深知自己不是什麼極有天分的人，所以她一直要求自己凡事不只要盡力，還要努力做到最好。職場，似乎也沒有虧待她，她每次轉換工作，都是業界同行的挖角，工作十餘載之後，好不容易有了現在的主管頭銜；薪水提高了、職位提升了，但心理壓力也隨之倍增。

每每遇到工作上的挑戰，她看似冷靜應對、理性有餘，內心卻總有說不出的悶，讓她常常因為情緒問題而進食，再帶著撐飽的肚子返回辦公室或回家，笑說是一種療癒歷程，卻像是陷入無限迴圈之中，一次又一次，未曾真正感受到踏實與暢快。

美國心理學協會（American Psychological Association）調查發現，有高達四成的人是用吃來紓解壓力；其中，更有一半的人，每星期吃的都是垃圾食物。

愛咪的狀況也是一種情緒性進食（Emotional eating），壓力造成的飢餓感並不是真的飢餓，而是反映著她的情緒沒有獲得解決，只是經常會將未處理的情緒混淆為飢餓。因為有情緒而產生的進食行為，只會讓愛咪逃避失落感，產生「我已經飽了」的假象。

這樣的狀況，可能也是許多人的經驗，我們可能會說這是一種自我療癒。

不過，那些食物未必是我們真正想吃的，許多時候，我們真正缺乏的不是食物本身，而是需要好好地被自己理解，看見自己的受傷與在意，也看見自身的夠好與值得。

食物無法讓我們迴避真實

當我聽著愛咪娓娓道出那些日常後，一方面很能理解她說的「人生，是否太難」；然而，誰的人生沒有困難的時候呢？我也有幾次這樣的時刻，想透過美食來緩解心中的不暢快，或逃避一些不舒服的情緒；記得某一次研習討論會上，和我相熟的夥伴主導那次的討論與分工，在我協助紀錄的過程中，他用嘲諷的口吻說：「妳字那麼醜，沒人看得懂啦，等下就妳上台報告吧！」當時我一派輕鬆地回應：「看看其他人看得懂嗎？不行的話，我代表報告也可以……」後來，有其他成員願意上台報告，我的字也沒有讓誰看不懂。

不過，研討一結束，我便迅速離開現場，還外帶了一桶炸雞回家當午餐！

我明白自己需要的並非真的是食物，內心有一堆悶悶的感覺，這些感覺是我不想碰觸的情緒。將這樣的進食渴望看作是一種訊號，我試著問自己一些問題，試著接觸與理解自己的不舒服是什麼。原來自己確實有點逃避上台報告，於是主動擔任紀錄者，而夥伴嘲諷的口吻彷彿戳破了我的小心機，但我逃避上台不是不敢，而是我實在很在乎此次的研討，對自己的學習有著更高的標準與期待，害怕自己不夠好所致。夥伴的口吻確實不太友善，但也是我內心有這樣的隱憂，才讓對方有機可趁來影響我的啊！

那麼，我該把不舒服的帳，算在夥伴的頭上？還是，好好面對自己的「害怕不好」呢？算在誰的頭上，才能真正阻斷情緒性進食模式呢？

就像愛咪，每一次，當她試圖用「情緒性進食」為自己帶來的療癒時刻，是想略過哪些感受或情緒呢？要怎麼做，才有機會改變情緒性進食的問題？建議可以這麼做：

1. 問問自己，是生理餓還是心理餓

問問自己，是真的餓了嗎？你所渴望進食的時間與食物，和平時的你是否不同？愛咪每次大量進食或想吃些特定食物時，總是發生在工作中有矛盾難解事件或心情特別差的時刻，這是屬於心理上的飢餓感，代表著某種情緒上的缺乏，渴望被照顧的需求，而不是真正生理上的飢餓。

2. 好好吃飯，穩定三餐進食

現代人，工作忙碌，很多時候都發生延後用餐時間的狀況，有些人甚至等下班後再一次性大量進食，或也有人乾脆不吃了，導致體重攀升或身體出狀況，如：胃潰瘍、胃食道逆流等。

台灣有句諺語「吃飯皇帝大」，就連路上巧遇朋友都免不了來一句：「吃飽了嗎？」可見好好吃飯這件事情有多重要！曾幾何時，穩定進食三餐跟好好吃飯是需要「刻意練習」的一件事，工作總是永無止盡，煩人的心事也不會止息，也許定時定量的三餐，是唯一可以暫停的按鈕，是重拾生活次序與掌控感的簡單法則；好好的吃飯，運用正念（Mindfulness）專注在當下，每一口進食咀嚼至少十五秒，品嘗食物的味道，其實就是緩緩品味心情的時刻！

3. 傾聽內在的心聲

大量的進食往往是想要覆蓋過那些內在情緒，但那些被我們覆蓋過去的情緒，並不會因此而消失，反而會像愛咪一樣，陷入無限迴圈之中。當我們知道情緒性進食的背後，往往都有著讓我們感到不舒服的情緒，往往都有著需要被好好照顧的需要時，其實，我們會清楚自己真正需要的是什麼。

練習傾聽與探索行為背後的心聲，就像是一層一層地剝洋蔥；意識到自己的行為模式往往發生在不工作、不順心的時刻，而每吃進去一口食物，都是想要告訴自己：「我沒有不好。」

練習在每一次的工作不順心之後，問問自己怎麼了，貼近與接觸自己的心情，理解自己，就像平時努力理解同事與朋友的心情一般，這樣也就延後了進食的衝動，再問問自己真的需要這樣進食嗎？

成為夠好的自己

奇妙的是，經過幾週諮商之後，愛咪告訴我，她的情緒性進食的次數變少了，當她練習接觸與接納自己的情緒狀態後，低潮也變得沒那麼強烈難受，甚至發現那些工作不順心，她本來就有能力去因應，只是都先被不願碰觸的情緒卡住了。原來，情緒是需要被自己渡過，而不是用食物來抹去的。

完美，真的存在嗎？事實上，世上的美好往往來自於不完美，才有修正與成長的空間。「水能載舟，亦能覆舟」，完美主義，不只是一種自我要求的動力，更可能成為一種無止盡的自我鞭打，接納限制與真實，並非拒絕改變的託辭，而是讓我們學習看見那個被自我鞭打後受傷的自己，理解自己的挫敗，不讓心中積累的情緒，成為日常中的絆腳石。

其實，接納真實的自己，認知到每個人都是獨特的，不需要再一味地彌補或遮掩弱點、趕上他人強項，才不至於錯過自己的優勢與天賦。

這短短的兩句話，說來簡單，對我來說，也學了好幾年，不時經歷自我質疑，不時走回情緒性進食的老路，唯一的訣竅無他，就是接納一路跌跌撞撞的自己。學會接納真實的自我，才能好好發揮優勢與天賦；成為夠好的自己，才能找到最適合的人生姿態。

愛的加油站

面對情緒性進食時，可以試試採用下列作法：

- 問問自己，是生理餓還是心理餓？
- 好好吃飯，穩定三餐進食。
- 傾聽內在的心聲。

解鈴，還需繫鈴人？

過去的創傷，與其執著得到對方的改變或致歉，
不如學習愛自己、成為自己生命的解鈴人。

和宇凡第一次見面時，他告訴我自己對於心理學、自我成長、原生家庭的影響一直很有興趣，多年來常常參與各式心靈成長課程，覺得每次都能得到許多啟發與療癒。我回應：「聽起來你對自己做過很多心理功課，那這次是什麼促使你想來諮商？」宇凡表示自己好像生病了，並緩緩道出自己的不快樂……

宇凡是一位主管，剛換到目前任職的公司不到幾個月，第一次擔任部門主管的他，內心承受很大的壓力，每天加班到大樓警衛趕人才離開公司，回到家仍無法放鬆，腦袋裡上演著各種工作待辦事項。反覆的失眠、很早就起床，幾個月下來，他發現自己變得焦躁不安、易怒也憂鬱，連帶影響食慾而體重下降不少。

即便如此廢寢忘食地工作，仍覺得自己做得不夠好，同時，面對自己所管理的部門，總覺得每個同仁都比他更資深、更專業，內心時常不由自主地認為自己不是大家心中認同的專業主管；參與跨部門會議時，只要老闆多問一句話，就會開始緊張到連話都說不清楚，總覺得老闆不滿意自己，而其他主管同僚們都等著看自己的笑話。

長期下來，導致宇凡的身心出現耗竭（Burnout）的現象，這是一種慢性的壓力反應，充滿著負面情緒、對自己苛責、無法信任他人、面對工作任務愈來愈吃力、職場人際互動困難、持續的睡眠困擾、感到孤單與無助、注意力或記憶力降低等。

願意自我調整。許多時候，那些有意或無意造成我們傷害的人，未必有改變的動機與意願，能改變的往往只有自己，接受父母、重要他人的無法改變，甚至要接受對方在某部分的無能，是走出困境前，必須經歷的失落。

2.疼惜住在你心裡的那個受傷小小孩

每個人的心底深處，都有個小小孩，專業的稱呼是「內在小孩（Inner child）」，是一種核心的情結，即使是在理想的父母與家庭中成長，都還是會有的一種內在軟弱面，可能是悲傷的、憤怒的、孤單的、不安的內在小孩。試著接觸自己內心深處的小小孩，試著理解他的害怕與軟弱，試著這樣問自己：「成年的你／現在的你，遇見這個小小孩，你覺得他怎麼了？他最渴望有人對他說些什麼？你會想告訴他什麼？」

宇凡對自己內在那個害怕不夠好的小小孩說：「你很努力，你真的很棒了！（拍拍頭）」撫慰曾經受傷的自己，肯定夠好的自己。我們的內在有個奇妙的運作方式，當試著接觸原本未曾意識到的自我時，就會慢慢產生連結與改變。

3.接納與分辨真實

每個人，都有優勢的能力，也會有弱勢的能力，沒有人是完美全能的。對宇凡來說，當他理解原生家庭經驗如何影響自己後，他進一步思考目前職場的是否真的適合自己？他發現，其實自己並不適合也不想當主管，因為他喜歡自在，那是身為創意人的泉源，主管職反而使他耗費許多心力在時時揣摩主管該是什麼樣子，局限了他在專業創意上的表現。試著接受這樣真實的自己，接受有所擅長，也有所限制的自己。

宇凡需要面對的選擇是：不適合擔任主管，是否真的就代表自己不夠好？試著去「分辨」哪些是原生家庭的影響？哪些是自己想要的？又有哪些是自己擅長的？於是，他理解自己當初獲得主管職位時，為的是讓父母肯定自己；而擔任主管職時，又更費力去追求主管與部門同仁的認同；自己一直喜歡的，其實是那個產出源源不絕創意方案的自己。最後，宇凡勇敢做出卸下主管職的決定，回歸他最喜歡的資深創意人身分，他說：「我喜歡這個有創造力，但沒有主管抬頭的自己！」

我們都生自於家庭，無不受原生家庭的影響，面對早期經驗的影響，確實未必都能得到對方的改變或致歉，與其苦苦執著那繫鈴人能改變，不如讓自己成為自己生命的解鈴人，拿回突破困境的主導權；只要你願意，有一天，肯定能走出一條屬於自己的安身道路。

生涯探索：
我的工作沒有意義

經歷理想與現實的掙扎，試著跳脫二擇一思維，
給自己第三條路的選擇，活出生命的快樂。

小時候，你我肯定都曾寫過一篇作文，題目是「我的志願」，還記得當年只有小學的你，替自己寫下的志願是什麼嗎？我記得，自己寫下的職業志願是「記者」，渴望到世界各處去採訪，遇見不同的人文與生命，現在看來，是個很浪漫的想法。

求學的路上，曾經依著母親的安排學習鋼琴、古箏；報考藝專的音樂科落馬後，轉征幼保學習之路；在大二那年遇上九二一地震，進入災區服務的經驗，讓我找到自己的生涯志業——諮商。你呢？是否做著和當年作文寫著的相同職業呢？小學的年紀，對職業世界的認知有限，多數人和我一樣，未必都能做著當初寫下的職業，然而，更值得關心的問題是：現在的你，選擇的職業領域，除了滿足生活所需外，你所選擇的工作，是否能讓你感到滿足與快樂？

小青，一個二十多歲的女孩，大學畢業沒幾年，已經換過好幾份工作，考了幾張不同職業領域的證照。小青排行家中老三，上面的兄姊，一個是上市公司的高級工程師，一個是教育體系中的教師，而她光大學就換了三間學校，從中文系到圖書館管理系，最後是美術系畢業。畢業後，聽從父母建議，進入公部門做約僱性質的行政工作，一陣子後因為覺得索然無味，而轉換至民間出版業擔任美編工作。小青形容美編工作是最喜歡的一段時光，只是因為長期熬夜、加班，導致身體出現狀況，只好在父母的強烈反對下離職。後來，小青參加了西點技能培訓，到了一家連鎖餐廳工作，負責甜點的製作，但對於所有餐點只能照著 SOP 執行，再度令她感到無趣，最終還是決定離職。

離職後，她一直找不到適合的工作，又覺得不能老窩在家裡當米蟲，於是，她告訴自己：「現實點，只要能有工作收入就好。」她去了工廠擔任生產線的作業員……她告訴我，自己可能患了憂鬱症，一天之中，常常沒來由地感到憂傷而落淚，晚上總是失眠，也沒有什麼食慾，父母擔心她的情況，於是鼓勵她來試試諮商。

理想與現實，我能選擇嗎？

也許，你我不禁會想，難道小青就是所謂的草莓族？禁不起職場的要求，持續力總是不夠。這也是小青心裡無法跨越的一道坎，在她心裡也總這樣指責自己，認為自己不該只有三分鐘熱度，希望自己也能像哥哥、姊姊一樣讓父母安心，但又渴望自己能找到一個喜歡的工作，在工作中發光、發熱……

在與小青的諮商中，我進一步關心她的不快樂，是從什麼時候開始的？當我細細聽著她的述說時，才發現她在學習創作、從事創造相關工作時，特別能忘卻時間與樂在其中，但是，一旦她選擇日復一日、制式步驟的工作時，就彷彿像是植物失去水分一般，毫無生氣可言。其實，小青有很明顯的藝術創作傾向，但卻受困於父母期待（安穩的工作與生活）、社會價值（藝術家都會窮死）、實際能力（身體與專業等），讓自己感覺無處伸展而只能向現實低頭，這種帶著委屈的工作生活，長期累積下來，對身心都折磨。

如果，你也和小青一樣，內心有著追尋的渴望，對於現實又感覺不得不屈服，心中不免吶喊：「理想與現實，真的只能擇一嗎？」

開出第三條路：看見現實，追尋所愛

人生，確實是一道又一道的選擇題，卻不見得只能二擇一，讓我們試著一起找出第三個選擇，好嗎？

1. 認識讓你快樂的元素

問問自己，做什麼樣的事情你會覺得快樂？這樣的事情何以讓你感覺快樂或滿足？這其中滿足了什麼樣的需求，便是所謂讓你感到快樂的元素。以小青為例，她說自己畫畫的時候，總能全心投入、忘卻時間且感到滿足，於是，她透過「畫畫」來進行「創作」，關鍵是要把想法透過自己的創意實踐出來，所以，把想法透過創作來實踐，便是所謂她感到快樂與滿足的元素。

曾經，在一場大學導師的職涯培訓課程中，我讓大學教授們探索自己的興趣取向，有位教授說自己小時候的夢想是成為節目主持人，但現在的自己是在大學教書的老師。他認為自己依舊走在自己的喜歡裡，告訴我，他是每一堂課程中的主持人，同樣是站在台上，主控著每一場次的流程，傳遞著自己的想法。

這位教授的分享，也是一個很好的例子。理想或是快樂，從來就不是一種樣板，而是我們能抽取其中的元素，融入在實際的生活裡，實踐並擁有它們。

2.自我資源盤點

當我們了解自己的元素之後，便是需要好好對於自己擁有的能力、特質好好盤點一番；走過的路，都不會是白白走過的，回顧過往一路走來，每一個階段的你、每一份工作中的你，學到了什麼，都會是前進的基石。小青不只大學念的是美術系，她在考取西點證照的學習中，她發現自己最喜歡製作糖霜餅乾，因為每塊餅乾上都可以有創作的實踐，也因為這樣她偶爾會接到來自親友的客製訂單呢！

關於興趣，往往是特質（或說傾向）加上能力的結果。探索與認識自己做什麼能快樂與滿足的元素後，仔細整理個人實際的現況，看看這理想與現實的兩端之間有哪些交集。小青發現製作糖霜餅乾是一種兼具理想與現實的選擇，只是，要單靠販售客製糖霜餅乾來養活自己，仍然有段距離，她決定白天繼續先在工廠上班，這份薪水足以維持生活，再利用空檔經營糖霜餅乾的粉絲頁、接訂單；忽然間，那份無趣的作業員工作，也變得可以忍受了。

3.不怕繞路，只怕不願前行

有句老話說得好：「山不轉，路轉。」有時候，看似前方沒有路可走，如果真的想要，就是需要思考如何抵達。小青的故事，是一個典型在生涯裡迷路且不快樂的案例，實務觀察發現，往往最容易讓人投降放棄的原因，是我們看著目標距離自己還有多遠，卻忘了好好評估自己在哪裡，如何往目標前進一步，這一步站穩了，再思考如何往前走下一步。

不要太晚思考現實，也別太早放棄理想

不論現在的你，是還在校就讀，或是剛步入職場，或正處於職場卡關期，面對生活與工作，始終可以由「生計、生涯、生命」這三個層次來思考。人生旅途中，我們都會經歷

理想與現實的矛盾掙扎，請先試著幫助自己跳脫二擇一的思維，給自己第三條路的開創空間，才能回應如何滿足生計需求、發展生涯規劃、活出專屬的生命色彩。

想跟正處在工作中不快樂的你說：「不要太晚思考現實，也別太早放棄理想。」現實未必總是殘酷的，它往往包含你擁有的特質、能力、職場與經濟需求，當我們太專注在失去中，往往不太容易留意到自己也擁有一些現實。

理想，有多遠？只是提醒我們，認清自己的起始位置，想著如何往前一步一步，而不只是看著自己離理想有多遠。現實與理想之間，可以是起點與終點，換句話說，如果看不清現實，就只能停在現實；如果認清現實，就有機會離理想近一些吧！

愛的加油站

嘗試開創第三條路的思維：

- 認識讓你快樂的元素：從理想中抽取快樂的元素，融入生活中。
- 自我資源盤點：整理自己的能力與特質，找出與現實的交集點。
- 不怕繞路，只怕不願前行：先評估當下位置，再思考如何前進。

分手失落：快點好起來！

一段有意義的關係結束了，允許自己的傷心失落，
學習善待自己，找到重新出發的力量。

「心理師，我希望自己趕快好起來！」這句話，很常在遭遇情感分手失落議題的當事人口中聽見，他們在分手後，面對強烈的失落情緒，不只是感到心痛，其實也很擔心就此失控。於是，期待透過諮商來使自己盡快好起來，是他們決定踏入諮商室的主因。

多數時候，我不會直接保證諮商能夠讓他趕快好轉。畢竟，一段真實存在過的情感，面臨分手失落後的情緒，自然是無法輕易被消除。通常，我們愈努力想要好轉，愈刻意想要遺忘自己還很在乎，就很難說何時才真正的走出來，也許，你根本還沒有真正開始啊。

銘瑜，眾多來談者中，因著分手失落來接受諮商服務的當事人之一。他告訴我，自己原本和前女友一起創業，他負責產品研發，對方負責行銷與業務的部分，他們曾經夢想著將公司經營至一定規模後，便要買房子、結婚。然而，正在一切看似步入軌道的時候，女友卻向他提出分手；對方告訴他，這幾年的生活累了，更要求將公司結束營業，這突如其來的變卦，對銘瑜而言，猶如世界瞬間崩塌一般，難以招架也無力反抗。

最怕聽到「你還好嗎？」

分手後，好長一段的時間，銘瑜總是將自己關在房間裡，他說：「不是我不想出門，也不是我不想見人，是很怕朋友問我『你還好嗎？』我就是不好啊，但他們知道了又能怎麼樣？要不是一臉尷尬地轉移話題，就是安慰我天涯何處無芳草；父母年紀大了，我也不願意讓他們替我擔心。公司結束營運後，頓時間我也好像失去人生方向一樣，我其實覺得自己需要一點時間，但連父母問我『好點了嗎？』我都會覺得有壓力，感覺是要我盡快振作起來。」

然而，分手帶來的改變，從來就不只是關係的結束而已，家庭諮商大師薩提爾（Stair）將分手心碎比擬為「心理的開大刀」，意味著其深深影響著生命各個層面，包含關係中親密連結的斷落、未來生活規劃的殞落、自我認識的某部分失去等等。臨床實務上，更有不少當事人因為遭遇分手失落，成為引發憂鬱症的重大壓力來源之一。

只是，分手在我們的社會文化裡，往往是沒有被認同的失落經驗，它不如親人死亡、離婚等失落議題，能被認同與理解。所以，當身旁的親友問「你還好嗎」時，之所以難以面對，甚至想要迴避這些問題，關鍵還是和自己有關。是我們無法接受此刻的自己，可能真的不太好，但也很難接納這樣不OK的自己，也就無法裝作若無其事地說：「沒事啊！」然後，我們會更刻意地想疏離原本的人際網絡、避免和親友互動，也可能透過忙碌的約會活動，企圖沖淡分手的傷痛。

落入自我質疑的迴圈之中

一段感情走到盡頭，特別是被分手的一方，很容易落入自我質疑的迴圈中。一邊對於關係的失去感到不捨，一邊也會懷疑自己是不是不夠好？是不是哪裡做錯了？反覆想著，如果當初不這麼做、早一點發現……會不會結果就不一樣了呢？甚至，有的人會有很深的羞恥感，認為自己是被拋棄的一方，對自我價值與自尊產生很大的挑戰。

心理學家認為失落會引發連續性的影響，以銘瑜為例，有三個層次的影響，正在發生且全部都在經歷中。首先，是初級的失落（Primary loss），就是所謂的情感分手；再來，是因分手而帶出次級的失落（Secondary loss），銘瑜因為分手而失去事業、兩人之間共同的朋友等；最後是象徵性失落（Symbolic loss），因為分手而失去歸屬與安全感、因為結束公司而失去成就感等。而初級失落常會引起一系列的次級失落，因而更加重一個人的悲傷反應。

因此，分手不是單一事件，它會帶來許多連續性的失落影響，讓人很難不去懷疑人生，讓人不免落入自我質疑的迴圈之中。

時間是良藥，更需學習和自己相處

還記得當年我的碩士論文，探討的就是分手失落的主題，當時的某位受訪者告訴我，時間是復原歷程中的良藥，需要給自己足夠的時間，才能慢慢走出來。確實，時間是很重要的元素之一，卻無法單靠時間就能化解一切。你一定也曾聽過有人因為一段感情的受傷，花了數年來療傷，有如古語所說的「一朝被蛇咬、十年怕草蛇」一般，所以，在時間是基本要素的前提之下，仍然需要開始練習，好好和自己這樣相處：

1. 對自己的友善程度，決定你的復原速度

一段關係的結果，都是互動出來的，絕對沒有誰應該承擔起所有感情不如預期的責任，自然也不會是你不夠好或做錯了什麼，才會導致分手。更重要的是，分手之後的你，得開始適應少了伴侶的生活，在內心裡去適應單身的轉變，這時候你會更需要練習這三點，才能幫助自己走得更省心力一些：

- 停止自貶自責：特別是初期，請試著停止檢討自己的過錯，每段感情都有自己可以學習的課題，但這和用檢討來自貶自責不同，這不會帶來自我的成長與蛻變。

• 接納情緒：如同前文提到的，分手往往不只是關係的結束，牽動的影響層次都是接踵而來，你可能會有止不住的淚水、深夜夢醒的哭泣、平日獨處時的孤單、被拋下的生氣與不被理解的委屈等等；這時候，可能影響了工作表現、工作專注力不足等，請理解與接納自己，這些狀況都是正常的反應，是因為你真正愛過使然。

• 投入當下：試著讓自己做些事情，可以是你一直在學習或鍛鍊的運動，可以是你曾經很想體驗卻還沒有機會去試試的活動，也可以是你原本就不擅長也陌生的手藝，重點是給自己一個能夠專注與投入其中的事情。像是銘瑜，內心裡他只想盯著電腦打線上遊戲，什麼事情都無精打采、失去動力，但他開始要自己重拾韓文課本、替自己報名韓文課程、準備韓語能力檢定；為自己發展一個重心，陪伴自己度過難熬的情緒歷程。

2.「該不該再有聯繫？」是學習怎麼對自己比較好的功課

分手後，還能不能當朋友呢？許多當事人都會提出這樣的問題來問我，而我也總反問當事人：「你覺得現在怎麼做，對你自己比較好？會比較適合你？」我們會開始一起去思考此刻的自己需要的是什麼？這其實也在幫助我們，從關係中走出來，練習看見自己的所在、需要、學習照顧自己的歷程。所以，能不能做朋友、該不該再有聯繫的這類問題，本身沒有所謂的標準答案，分手初期的你、熬過分手幾個月的你、分手一年後的你……不同的時期可能會有不同的決定，因為當下的你，早已今非昔比。

當然，有個提醒是你需要知道的：我們什麼時候完全接受失落的事實，也許有的人會形容是什麼時候死心，我們就在那一刻才真正開始踏上分手失落的療癒之路。

從分手經驗中學習愛自己

在分手失落的復原歷程中，最困難之處，並不是單方面地找回過去的「我」，或是尋找未知的「我」，而是自己如何在這兩者之間放手與接納，進而統整自我。最後，當你能夠開始思考「這段關係帶給我的學習是什麼」時，就是一種進展與改變。

人們在失去愛情的時候，總會懷疑自己，還能不能再次遇見愛情？當你有這樣的疑問時，也正是學習如何愛自己的時刻。也許，你會說不知道怎麼愛自己，那麼你可以試試文章中提到的幾個對自己友善的建議，讓它們成為練習愛自己的起手式吧！

雖然，失落的道路，沒有辦法變得多快，但我相信當我們願意成為這條路上的駕駛員時，慢慢開，才有機會看得清這一路的風景，會更知道下一段旅程，自己適合走哪條路。

愛的加油站

在分手失落中，練習對自己友善的三點建議：

- 停止自貶自責，試著停止檢討自己的過錯。
- 接納情緒，理解與接受自己的負面情緒。
- 投入當下，發展新的重心，陪伴自己度過難熬的情緒歷程。

夫妻溝通：
關係中，從你到我們

夫妻關係中，最關鍵的往往不是對錯與輸贏，
而是誰願意真實展露對於關係的在乎與軟弱。

阿和與小晴是一對結婚八年的年輕夫妻，他們生了兩個孩子，一個三歲，一個五歲，他們的家庭結構是符合外界眼中的「標配」，夫婦倆有著相當不錯的職業與收入，婚後順利生了兩個孩子，別人都羨慕他們，但他們卻有說不出的苦。

當阿和、小晴剛進門坐下，我問：「是什麼原因讓你們決定來見我呢？」小晴就開始落淚，咬著嘴脣說不出話，而在一旁的阿和則是深深地嘆一口氣。我邀請他們分別說說來談的原因，聽著他們表述問題，各自都覺得委屈，都覺得對方不理解自己，完全陷入各自論述的狀態，而唯一的共通點是他們說：「再這樣下去，我們只能離婚，所以就來試試看諮商。」這幾乎是每對夫妻前來諮商的經典開場。

「太好了！」我說。這是他們的共同點，即使關係已經緊繃到不行，還願意再試試看。夫妻關係緊張的兩人，往往會因為長時間的爭吵，磨損了原本的情感厚度，剩下來的，便是看見彼此的不合適，相互指責對方的不是。

諮商室裡，因為夫妻關係來談的不少，當事人往往也累積很長時間的不快樂，只是為著孩子，才有著強韌的問題解決執行力；為著家庭經濟，才生出高度的理性來因應工作與生活日常。不過，只要輕輕觸及夫妻間的關係議題，那些強忍的不平與孤單，就會是一觸即發。在諮商的初期，常常聽見的抱怨、指責包括：

「每天要上班還要忙孩子的大小事情，每件事情都是需要先想好安排、分工好的，卻被他指責我很強勢、愛控制！」

「她每次說要溝通，其實就只是要照她說的做而已，久了我也懶得說什麼了，我們根本無法溝通！」

「我自己顧孩子們，他下班就說想要自己在沙發休息，那我是機器人嗎？不會累嗎？」

「我好像只是賺錢的工具人，而她的重心都在孩子身上，很長時間我們沒有什麼交流……」

「我需要他能聽我說話，願意理解我的心情，不是每次都一句『沒這麼嚴重、想太多』這種話來敷衍我。」

事實上，當雙方感受到關係走不下去時，眼前的一切，都使人身心俱疲。結束關係，是最容易出現的念頭，卻未必是最真心所願的目標。所以，這時候反而需要一個「空間」，透過心理師的引導，看見生活挑戰如何影響彼此，而彼此的反應又是如何相互影響，找出負向溝通循環的解鎖方式，創造關係中的親密連結，從只有分工的關係中，走向合作的夫妻關係。

同時，夫妻諮商要能順利啟動，便是需要了解夫妻雙方想要我怎麼幫忙，我會問：「你們期待透過夫妻諮商達成什麼樣的改變？換句話說，如果夫妻諮商真的有效，你們期待關係會變成何種樣貌……」這些問題，很像是我透過一連串的問話來釐清阿和、小晴想買什麼，當他們在回答我想買什麼的時候，我就會看見阿和、小晴平時的溝通狀況，以及爭執是如何發生的。我反映觀察到的樣貌，邀請他們一起來看看這樣貌怎麼發生的，幫助他們進一步去探索當感覺被指責時，自己會如何反應、原生家庭的經驗是如何影響自己，覺察自己在關係困境中的軟弱與責任是什麼，也會逐漸理解彼此的需要、學習承接彼此的軟弱之處，發展新的關係互動模式。

也許，你長期處在夫妻關係的困難裡好一陣子；也許，總在嘗試溝通卻無法和另一半達成共識而感到挫折無比；也許，你們是外人眼中的人生勝利組、神仙眷侶，卻有著難以向外人道的苦楚；也許，你想過要和另一半一起來接受夫妻諮商，但另一半不願意，你真心覺得關係中的不快樂，都和對方有關，他不改變，能怎麼辦呢？最後，往往你只能說服自己為了家庭、孩子，再忍忍吧！

關係，是兩人以上的互動，關係，是互動出來的結果。長期關係互動的困境，可能讓人受苦許久，我的實務觀察發現，多數的當事人在親密關係中的溝通困境都沒有跟家人、朋友訴說，以致外人看他們都很好，但他卻有說不盡的苦悶。面對夫妻關係中的溝通困境，可以試著先這樣做：

1.好好照顧自己，你需要一些喘息與沉澱

衝突過後，往往會有很多的情緒在心頭，但未曾停歇的家庭瑣事、孩子教養等，總讓人習慣性地進入工作模式，把那些情緒壓抑又堆疊積累著最是耗能；想辦法讓自己獨處片刻，讓自己好好大哭一場，或是外出買一杯咖啡、散步等等，先好好照顧自己的傷心，因為你需要，因為你值得。

2.試著用第三人的角度，看看困境／衝突是怎麼發生的

跳出自己的角色位置，如果你是這對夫妻的朋友，你覺得這對夫妻怎麼了，你能理解他們夫妻分別在說些什麼，你覺得是什麼讓他們各執一方？你會給他們什麼樣的建議呢？用跳脫角色的方式來引導自己冷靜分析狀況，自然比較容易看見跳脫困境的道路在哪裡。

3.帶著好奇的眼光，探究自己的反應

舉例來說，當阿和與小晴為了孩子總是忘記把水壺從學校帶回家的問題爭執時，小晴覺得應該再去買個水壺備用，而阿和則堅持重點是要讓孩子記得把水壺帶回家，其實，如果用上述第二點的方式思考，你可能會發現他們的方式都是需要且重要的，那麼明明「一加一可以大於二」，為何沒有辦法結合兩人的看法，共同去討論一個幫助孩子學習負責的

好方法呢？阿和發現自己是原生家庭裡最小的孩子，姊姊跟媽媽都是讓著自己，因此使他對於不同的意見，特別是親密的另一半，會感受到不被認同而無意識地反對；當我們能夠覺察與更深地認識自己時，才有機會將這些無意識變成有意識地去練習如何改變反應模式，嘗試跳脫負面溝通的循環。

4.釐清自己最想要表達的是什麼

當有意識地體認到自己的溝通反應如何受過去經驗影響時，你需要開始練習「去汙染」，好好問自己最在乎的是什麼？阿和最在意的是如果孩子忘記帶回水壺，隔天校外教學孩子就沒有水壺可用，而小晴希望孩子能慢慢學會保管好自己的物品，兩者都是重要的目標；試著去提醒自己不同的意見不代表不認同，才能好好聽見對方話語背後的期待，依據實際狀況、客觀事實，思考怎麼表達會更清楚。

5.傳遞自己的聽見與理解

深深地吸一口氣，想想對方雖然也跟你一樣充滿情緒的言語，那些話語背後他需要被理解的是什麼？先向對方傳遞你的理解，再試著表達你真正想表達的想法。關係裡永遠沒有對錯與輸贏，先傳遞你的聽見與理解，是你還在乎對方；你願意輕敲對方的心門，代表你是願意傳遞「一起面對挑戰」的那份人生邀請函的人。

因為在乎，學習從關係裡再出發

夫妻中的爭吵，常聽到當事人告訴我：「錯的又不只是我，他明明就……為什麼都要我主動破冰？」關係，是互動出來的結果，從來就沒有絕對是誰的錯，有句話是這樣說的：「道歉，不一定表示承認錯誤，而是我珍惜我們的關係。」

美國的溝通專家約翰．卡多爾（John Kador）認為道歉最大的關鍵是不要怕失了面子，這會為後續的溝通與關係換來更大的成長空間。有時候，我會對於諮商歷程中的理解錯誤，和當事人道歉，因為我尊重當事人勝於維護所謂專業的尊嚴；有時候，你會願意因為讓朋友不舒服，和朋友道歉，因為你在乎他；有時候，你會因為讓配偶感到受傷，和配偶道歉，因為你在乎他……

夫妻關係中，最關鍵的往往不是對錯與輸贏，而是誰願意真實展露對於關係的在乎與軟弱，當你願意跨出第一步，練習「覺察五步驟」，是因為你真的在乎關係中的「我們」！

愛的加油站

當遇到關係中的衝突時，可以試著練習「覺察五步驟」：

- 好好照顧自己，你需要一些喘息與沉澱。
- 試著用第三人的角度，看看困境／衝突是怎麼發生的？
- 帶著好奇的眼光，探究自己的反應。
- 釐清自己最想要表達的是什麼？
- 傳遞自己的聽見與理解。

婚內失戀，
於是婚外遇見那個人？

結了婚，就真的不會再失戀嗎？

外遇，遇見的是你以為的真愛，還是內心的自我空虛。

外遇，是否都會走上離婚這條路？

諮商室裡，倒是有不少夫妻是經歷外遇事件後，想要透過夫妻諮商來修復與重建關係；也有當事人形容自己是「婚內失戀」，在婚姻裡長期的不快樂而愛上別人，在另一半發現之前，默默地結束婚外愛戀，回歸婚姻卻仍無法平撫內心的矛盾，而選擇透過諮商來嘗試處理。

他們通常會說著還想在一起，卻不知道可以怎麼繼續彼此的關係，而關於外遇被發現或結束的情節，你我也許都不陌生：

「我感覺他這陣子都怪怪的，就不知道是一個怎麼樣的直覺，平常我從來不會查他的手機，那天趁他洗澡就看了他手機通訊軟體的對話，才發現我那人人稱羨的好丈夫，居然背著我外遇兩年了……」

「前段時間，她開始不跟我親近，假日很少一起陪小孩，都說跟朋友有約會，某天我順手要幫她繳信用卡帳單，就……看到汽車旅館的費用。」

「其實，在我發現他外遇的前兩年，我也曾經和一個男同事走得很近，就只差最後一道防線，後來我覺得不能再這樣下去，和對方提分手，然後也離開那家公司。我跟先生的關係淡如水，為了孩子跟家庭，這樣下去也沒差，但就是覺得自己行屍走肉，先生也沒有什麼不好，說不上來是什麼感覺。」

婚姻中的外遇，不論它是如何發生的，不論是不是悄然無聲地結束，還是在另一半有心、無意之下的被發現，婚姻中「外遇」，往往都只是婚姻關係中的「症狀」，逼得我們不得不瞧見多年埋伏在生活日常底下的關係樣貌。

不得不直視關係的真相

結了婚，就不會再失戀嗎？其實，是我們都忘了，會走入婚姻，往往都是從戀愛開始的，如若婚姻關係，在婚後的日常消磨下，失去了愛與親密，剩下來的是責任，是不時湧上心頭的不快樂，那便是不容忽視的關係警訊；而婚內失戀往往比單身失戀更難處理，畢竟，婚姻中要考量的面向，總是比單身時期更為複雜。

同時，不論你們的婚姻關係品質是如何，不論是自己或是另一半外遇，對於個人內在，都是極大的衝擊與挑戰，往往讓人不得不去正面直視「關係」發生了什麼變化？「我們」是什麼狀況？以及「我」怎麼了？

阿金跟老公從學生時代就開始交往，出社會工作幾年後，決定一同步入婚姻；阿金在職場上一直不快樂，總覺得每天做著自己不喜歡的工作是很痛苦的。正逢升職的丈夫則建議她離開職場一陣子，願意支持她重新學習再出發。離職後的阿金，在丈夫的支持下，開始報名許多課程，看起來每天都行程滿檔，但卻沒有哪門課程是自己打算鑽研精進的。

這時候，阿金認識了一個同班上課的男人，兩人從課內小組的討論，逐漸延伸到課後的聚會。日子久了，接觸多了，阿金的心裡開始泛起一陣陣的漣漪，她不只欣賞眼前這個男人，彼此之間似乎更多了些曖昧互動。回到家，面對丈夫開始想保持距離，她對自己感到矛盾，她不想離婚，卻對情感充滿疑惑，更無法忽視心中的罪惡感，這些複雜的感受，很難對朋友、家人訴說，深怕被說自己是不知足。

故事說到這裡，你有沒有什麼想法？你覺得阿金的問題出在哪？

想「逃開」的原因，「投射」在關係之外

有時候，所謂的婚內失戀，來自於長期內在需求的不滿足、對自己的失望與不滿，從而不自覺地期待由另一個人來替自己負責。

諮商室裡，我問阿金：「妳覺得妳的生活裡一直渴望著什麼？婚姻中是否少了什麼？

妳和那個外遇對象的關係，滿足了什麼？」阿金發現自己的不快樂，不是從外遇那一刻才開始的，而是從還在職場的那些年，甚至，是更久以前的問題。原來，她一路聽從父母的安排選擇科系、工作，順應社會眼光與家族期待結婚，真正的問題是她未曾思考自己的需要與忽視自我價值的實踐。

面對夫妻關係，她渴望丈夫可以細膩地聆聽自己的內心深處，但她自己都未曾理解自己究竟想要什麼，所以，就算丈夫願意嘗試理解，也會不得其門而入。對於丈夫的無法理解，阿金選擇壓抑心中的失望與不滿，用疏離來逃避夫妻關係，也逃避自己的內心。而那些未被正視的需求仍會蠢蠢欲動，阿金發現自己的外遇對象特質，其實正是自己一直渴望的自我形象；一直以來，她對工作不滿意、對婚姻不滿足，心裡渴望著有另一個人出現帶自己脫離困境，其實，她發現自己需要的不是丈夫的改變、遇見另一個人，她需要遇見的那個人，是自己。

如同存在主義治療（Existential Therapy）大師歐文．亞隆（Irvin D. Yalom）提到，每個人終須面對自我生命的意義，這是每個人在人生中的責任，無人可以替代。

制服己心，強如取城

未曾真正的認識自己，未曾正視內心想要成為怎麼樣的一個人，而一直在和他人的關係裡尋找自我價值，會使我們不自覺地將個人需求投射在對方身上，包括渴望親密、對生活節奏的掌控感、追求經濟安定等，亦即自己愈無法做到的、愈不想面對或承擔的，也許不自覺投射在他人身上，期待對方成為自己生命的拯救者，無可避免地一再失落。

關係的問題錯綜複雜，在決定要不要繼續或改善關係之前，我們都需要先面對自己：

1. 避免在混亂時期，做出重大的決定或改變

人在混亂與痛苦的時候，通常會非常希望有個特效藥，快速地消除或解決當下的困境，往往因為這樣反而容易衝動行事，做出一些看似正確，但內心其實沒有預備好的決定。當阿金陷入內在的困境時，她也曾經期待透過專業諮商，能告訴她一個正確的方法來解決痛苦。然而，不論是離婚或是結束婚外關係，對當時的她來說，都不是說得到就做得到的事情。換句話說，在愈混亂的時候，最重要的是先搞定自己。

2. 放下尋覓「對的人」來完整自己的期待

童話故事裡，總會出現拯救公主的王子，從此過著幸福快樂的日子；像是阿金，嫁了

一位父母口中滿意的夫婿，卻在婚姻生活中看見對方的不足而失落，選擇用疏離來迴避失落，將內在需求投射在另一段關係中去尋求滿足。不過，真實的生活裡，王子與公主都只是人，都有不完美與軟弱的地方，把期待寄託在另一個人的身上來完整自己，往往在發現王子不完美時，會更加凸顯自我內在的空虛。

3.為自己的需求負責

每個人都需要把自己照顧好，一一拆解關係中的需求與期待背後，往往蘊藏的是年久失修的自我。試著問問自己：「對方何以吸引我？那些特質為何對我是有影響力的？那些特質反映了什麼、和我的處境有什麼樣的連結呢？」

阿金發現自己之所以喜歡那個婚外男人，是因為對方從事的工作是自己想投入的領域，對方在工作領域中所展現的自信，是自己渴望的自我形象。原來，她以為自己在追尋愛情，其實是在愛情裡尋找自己的樣貌。回應文章前頭提到的，正面直視「關係」發生了什麼？「我們」是什麼狀況？以及「我」怎麼了？好好地為自己去思考，如何成為心中的那個自己吧！

端詳關係中的自我需求

討論外遇的主題，很容易讓人直直落入對錯的論斷，但這裡不是要用倫理道德或教義來論斷是非，而是想藉此提醒：能制服己心的，勝過一切。關係裡的愛情，常常是走進去容易，但要在關係裡持續擁有愛情卻好難，難的是我們容易期待對方來給予或維繫，而少了好好端詳關係中的自己，怎麼卡住了、卡在哪兒了。

在我的諮商室裡，曾經陪伴過外遇後重建關係的夫妻、關係外遇的丈夫或妻子，每個人都是希望自己在關係旅途中，能夠持續地擁有愛情。臨床實務告訴我，這絕對不是奢望，關鍵是，你是否願意先看見自己，學會真實地愛你自己。

離婚失落：原來還是會傷心

一段關係的結束，代表自己曾經全心地投入，
都是生命的重大改變，心理也同樣需要復健。

「我們離婚了！」宇婕這一句話，明明已經為這結果煎熬許久，我以為應該是種解脫，但為什麼真的發生了，還是讓我感到難過呢？我看著眼前有些落寞的她回應：「不論如何，對妳來說，這可能不只是結束一段不快樂的感情，還有很多生活與角色的改變吧！」她點點頭，連忙用雙手擦去止不住的淚水……

離婚，不是一個簡單的行動，隨之而來的是許多的變動，不論你是否真的有所預備，當變動一件件接踵而來時，都將是你無可迴避的挑戰。

我第一次見宇婕的時間，是在她和前夫簽字離婚半年之後。當時的她，正在猶豫是否要搬出原來的住處，那個她和前夫結婚後的住處；離婚後，出軌的前夫自認有愧於她，於是，自己搬回父母家住，讓她繼續住著，直到找到新住所為止。

宇婕提到，雖然離婚是自己主動提的，雙方也拉扯許久才共識離婚，還願意讓她繼續住在原住處，不過，前夫或公婆仍會不時來住處取點東西，不只是作息受到干擾，也總會喚起一些不愉快的回憶。

諮商時，她問我：「我是不是該搬出去？可是，這樣會多一筆開銷，好像要找到適合的地方也不容易，有點害怕一個人的生活，同事都不知道我離婚了……。」

面對未知沒有標準流程

許多人，在面對困難時，會選擇尋求諮商，許多時候，期待從心理師的口中，聽到一個解決問題的標準答案，看看是否可以更快地消除困境，這樣的期待通常會落空。因為，當我們愈渴望一個標準答案時，通常也反映出我們的「心」還沒有準備好經歷改變，當你的心情還沒有好好經歷與沉澱之時，有些決定或再好的答案，都很難真的有所行動！

不論多難過，簽字離婚的那一刻，所謂的法律關係、財產分配、監護扶養等議題，都會先達成某種理性層次的安排與共識。不過，我們通常是理性走在感性的前頭，理性明白離婚決定的必然，心理的失落卻是需要時間去經歷與消化的；單單從已婚到單身的身分改變，就已涉及許多層面的轉變，包括生活方式的改變、家庭關係的調整、社交網絡的變動、自我認同的挑戰等等。你可能會經歷到一些難題，像是：

「簽字到現在，我心情都蠻平靜的，但一想到要如何面對父母，我就好難過，甚至會逃避回家、無法面對家人……」

「一直都好熟悉的居住環境，也很久沒有自己過生活了，想到要住哪裡、自己一個人的安全考量等等，都覺得好沒膽量！」

「我盡量避開跟同事們一起午餐閒聊的機會，有點怕他們問起配偶時，我不知道要怎麼回答？」

「他的媽媽都會每隔一段時間打電話給我，這是從以前就有的習慣，關心我們夫妻的生活大小事。可是，現在我們離婚了，她還是一樣打給我，我很想不接電話，但又怕她老人家受傷……」

「家人或朋友關心我的時候，感覺都帶著一種暗示：自己一個人還好嗎？你自己過比較可憐吧……這讓我覺得不太舒服。」

就像宇婕，即便她是主動提出離婚，即使她未曾後悔自己的決定，但面對離婚後的種種，仍然會覺得有點難，一度也困惑自己怎麼還會有調適的困難呢？然而，站在每一個變動面前，一切是如此的陌生又未知，原來，還是會怕、還是傷心的！

離婚是再次建構自我認同的旅程

人生中的幾個重大壓力事件，「離婚」肯定在前三名。台灣，是亞洲離婚率第二高的國家；從統計看來，離婚這件事情，在現今社會，似乎已愈來愈常見。即便如此，面對婚姻議題，我們卻少去談論從如何從婚姻裡好好分開以及離婚後的自我調適，通常以「離婚就是解脱」這樣的論點，輕鬆打包一段生命關係中的重大改變。

事實上，每個人的「自我認同」多來自於生命中的重要他人與關係，幫助我們去認知：「我是誰？我是一個怎麼樣的人？」外界的評價與影響，不時都會影響我們的「自我認同」。因此，就像是車禍意外後，受傷的身體需要復健；離婚是生命的重大改變，心理也同樣需要復健。所以，對於經歷離婚重大事件的宇婕來説，關於自我認同的心靈重建工作，正要開始……

1. 爸媽，我是不是讓你失望了

對有些當事人來説，當離婚確認的那一刻，通常是解脱或鬆一口氣的感覺，但一提到如何告知父母，就忍不住流下眼淚，害怕想向告知父母的那一刻，他們會是怎麼樣的反應？會從父母的言語中，去猜想自己是不是讓他們失望了……我想，更多時候是父母對孩子的擔心。這樣的擔心，只是剛巧在經歷離婚時期，有較高強度的顯露。

宇婕提到這困難時，我鼓勵她試著跟父母分享這些心情：「我是不是讓你們失望了？你們提到要怎麼跟親戚講時，好像是我讓你們覺得難堪了？是不是不希望我出現呢？」許多時候，父母是沒有意識到自己的擔心，反而造成子女的壓力，在她鼓起勇氣説出那些疑

惑後，父母最後給了一個很有力量的回應：「阮只要妳真的快樂，那些親戚怎麼講，阮來處理就好！」（台語）

父母對子女的擔心，從來沒有真正放下的一刻；同時，他們可能也跟你一樣，無法想像離婚後的未來，甚至對你的回應無法理解，於是，每一個問句都恰恰打中你心中的未知隱憂，讓我們瞬間彷彿回到童年孩子的狀態，這反而是在提醒我們：好好照顧受傷的內在小孩吧。

2.離婚不是驗證失敗，而是給人生重整的機會

前面提到，自我認同往往受社會的評價影響甚多，當我們自問「我是不是看走眼、選錯人？是不是很失敗？」時，其實都可能不自覺內化了外界評價於心中，不斷地自我審問，成為對自己的懲罰，卻無濟於事。

一段婚姻的結束，肯定經過一定程度的理性思考過程，不快樂的婚姻，只是將彼此困在家的框架裡，而當你決定結束時，則是重新開始解構家的定義，是再次思考人生想怎麼過的契機，給自己再次改寫生命劇本的機會。

3.離婚，需要公告天下嗎

像是前文提到的「我盡量避開跟同事們……有點怕他們問起配偶時，我要怎麼回答」，

或是面對親友的關切時，有時你不是不願意說，而是不知道如何面對，當自己說出「我們離婚了」的各種提問與關切。

這時候，我們沒有非得向誰交代的必須，只需要接納自己還沒預備好，接納自己還沒準備好承接那些關切，用自己可以做得到的方式去因應，像是：

- 不主動參與話題，暫時以旁聽者的角色參與，也是一種互動。
- 當你認為對方是可信任的人，可以簡單地告訴對方，你們決定分開／離婚了，同時表達自己還沒準備好回應太多的詢問與關心。

4. 接受自己需要時間

離婚，同樣是一份重要關係的失落，不論是主動還是被動決定，都是一種失去。心理學家費雪（Helen Fisher）甚至提出了一個包含十九個步驟來闡述離婚失落歷程，來表示這是一個從愛中再次成長的歷程，需要給自己時間去經歷與度過。

同時，這不代表你不接受事實，我曾用一個比喻來形容這時期的狀態：離婚，好比是在手臂上留下的燙傷疤痕，你知道自己有傷，也正在接受讓傷口復原的各種處理；只是，仍然想用長袖來遮住傷口，不想經歷過多的關注，不想對太多人解釋，漸漸地，有一天，你會慢慢褪去長袖，自由自在地行動。

5.跨越變動的坎，重掌生活的方向盤

離婚後，你需要面臨許多生活與身分上的轉變，包含住處、孩子照顧資源分配、工作或經濟、親職角色的合作、社交網絡改變與重整、如何告知家人、親友或同事等等。

不急著一次性要解決所有課題，如同前述提到的，需要給自己一些時間慢慢重建。你可以列出需要面對的各種事項，分出輕重緩急，評估內心較能預備面對的順序後，把它們當作是重建生活與自我認同的漸次性指標，練習去傾聽與理解自己的內在狀態，逐一去完成它們，就代表著，你正在重掌生活方向盤的路上。

6.願意尋求資源，有助重建自我

離婚後的每一個變動挑戰，或許沒有人可以代勞，卻不代表非得獨自品嘗。當心情低落的時候，並不是你太軟弱，只是需要找個好友聊聊，釋放低氣壓便能繼續前行；當感覺無助茫然的時候，並不是你太無能，只是需要尋求專業的諮詢，釐清思緒便能重整方向；當忙碌無法兼顧之時，並不是你不給力，只是需要親友偶爾支援，補給後便更有力量！適時地尋求資源與支援，對於失落與重建，是很有幫助的。

在逝去的關係中，學習成長

對於一個無緣的人，你可以頭也不回地說再見，但是，一段關係的開始與結束，都代表自己曾經全然地投入在其中；關係失落帶來的傷心、痛苦，往往代表著內心某個深處、某部分的自我，需要好好療癒與反思。

當你我好好走過這困頓經驗，會產生一種不同於過去面對困頓的態度，看見關係中的自我，與走出關係後重建自我的方向，是如何透過超越一道道的挑戰，而看見這段逝去關係所帶來的意義，也會是你個人的成長。

愛的加油站

離婚後，關於「自我認同」的重建：

- 爸媽，我是不是讓你失望了？
- 離婚不是驗證失敗，而是給人生重整的機會。
- 離婚，需要公告天下嗎？
- 接受自己需要時間。
- 跨越變動的坎，重掌生活的方向盤。
- 願意尋求資源，有助重建自我。

父母的盡心照顧，
我卻得很用力才能呼吸

正視心理的臍帶連結，給彼此時間，練習重拾自我的責任，
好好地學習從心理長大吧！

西方文化，強調每個人都是獨立的個體。一般來說，孩子還小的時候是需要依賴父母的，並於成長過程中學習與父母分開與各自完整獨立，面對家庭是一個人學習合作、面對挑戰與任務的歷程，相較於華人文化，則有著很大的不同。

華人社會以家庭為單位，看重家庭勝於每個成員的個別性。父母往往將孩子視為自己的一部分，不論孩子年齡多大了，覺得「永遠都是自己的孩子」，認為自己的考慮都是「為了你好」，這段話，你肯定也不陌生吧！事實上，許多成年孩子身在其中，也會挺矛盾的，一方面依賴父母的照顧，是可以省去許多責任的承擔；另一方面想要做自己，卻得處處考慮父母的想法，反而失去為自己做選擇的能力。

於是，在諮商實務現場，當事人主述過於緊密的親子關係，對於父母的「為了你好」感到十分痛苦與不知所措，是很常見的工作主題。

阿茉就是一個例子。阿茉的家庭經濟資源算是富裕，父親忙碌事業，母親全職照顧她與哥哥，兩兄妹的大小事情，全由父母悉心打點安排，父母認為他們不需要擔心任何事情，只要努力念書、照著規劃長大即可。阿茉也沒讓父母失望，順利完成國外的碩士學位回台，主修商業的她回到台灣後，開始準備步入職場之際，卻發現根本不喜歡自己的主修專業，她想重拾畫筆，做個圖文創作的自由工作者。

這決定一下子在家裡掀起了滔天巨浪，父親無法接受這個不照規劃走的女兒，認為她十分地輕率、不負責任，母親也為她的不如預期擔憂得難以入眠，不論阿茉多努力地表達自己想試試創作的這條路，最終都在父親亮出一張牌後，以無奈妥協收場。

心理臍帶沒斷，就不能有自我期待？

阿茉認為父母過於關注自己，插手她生活、生涯的大小事，導致阿茉在和父母對話時，開始感到焦慮、甚至出現換氣過度的狀況，求助精神科醫師後，在醫師的建議下尋求諮商。

我問阿茉：「除了生涯無法依照意願之外，互動中，什麼讓妳最難受呢？」她說：「父親總是追問我找工作的細節、什麼三年計劃、進哪間公司，然後母親的眼淚讓我也很難受，好像我讓她傷心、失望了，她身體也不是太好，我會很有罪惡感……」

對於阿茉來說，追尋自我的想望，以及滿足父母的期盼與家庭和諧，似乎是一個「是非題」，而不是選擇題，畢竟，唯有滿足後者，才不會感覺自己做錯，才不會有滿滿的罪惡感。

其實，我能理解何以阿茉無論如何溝通或反抗，她最終都只能妥協的原因。因為，當經濟無法真正獨立的時候，是沒有足夠的底氣來自立的，阿茉想要的選擇，始終得仰賴父母的經濟援助才能被實踐的啊！不過，這不是一道是非題，而是你我在成長中的生命功課，是一道如何從依賴走向獨立的課題。

著名的心理學家瑪格麗特・馬勒（Margret S. Mahler）提出「分離與個體化」（Separation／Individuation）概念，認為一個人必須要能夠確認自己與父母親的分離程度，逐步使自己與父母親的樣貌清晰有別，開始了解到「我是誰」、「我是個什麼樣的人」，建立個人的自我認同感與自我概念。更重要的是在分離個體化的發展中，一個人必須與他人（包括家庭內與家庭外的他人）建立適度的關係界線、距離、親密感。我試著和阿茉分享這個心理學理論，將它比喻成一種心理上的臍帶，諮商的歷程就像是我們一起看看她想怎麼處理這臍帶。

當她理解自己的處境與關係課題之後，她苦笑著說：「看來我的心理臍帶沒斷，就不可能有自己的期待，沒有斷臍帶，就沒有期待，對嗎？」阿茉鬱鬱不歡的困境，也是我們許多華人家庭中的景況，更是我們每個人生命中的必修課。

我們都該從心理長大了

當孩子出生時，多數父母都期待孩子健康、平安的長大；當我們真的長大了（指的是生理年齡的增長），是否曾經認真地思考過「什麼才是真正的長大」？也許，我們的父母未曾真正想過這問題，但是，問題回到我們身上時，自己得好好想想才行。

我想起自己開始第一份全職工作時，母親希望我把薪資帳戶的存摺交給她保管，她對我說：「妳交給我管，我就替妳理財；妳自己保管，就一切後果自負。」這問題，換作是你，你會怎麼回應呢？當時的我，初入職場，對於獨立是既期待又害怕，但受過諮商專業訓練的我，清楚知道這是一道「分離與個體化」的課題，於是，我是這樣回應母親的：「我會想照顧家裡，每個月固定給家用，然後其餘的錢，我想自己管理，妳從小把我養大，應該就是希望我真正有能力獨立，對嗎？」母親聽完我這番話，什麼話都沒說，也許她有些失落，也許她也有些認同我的話吧！

父母陪伴與養育孩子的過程中，必須意識到適當的放手，好讓孩子學會獨立自主，就像一歲的孩子學習走路，哪有不跌倒幾次的呢？而身為成年孩子的我們，也需要願意去面對與承擔這一路的跌跌撞撞，不是嗎？

實際上，做為父母與身為子女，都在共同經歷「分離與個體化」的課題，只是角色不同，在這道課題中要修練的主題就不一樣，父母可能得試著放手、消化失落，子女得學會承擔與自我負責等。父母與子女，都有自己的功課要修練，但面對過度的保護、控制與掙脱糾結的互動，總需要有一方先試著改變，只要有一方先改變，另一方才有機會跟著改變，我一直相信，關係是互動出來的結果。

也許，你也跟阿茉一樣，認為父母過度地干涉或保護，讓人感到有些窒息，當他們愈盡力照顧你，你卻需要更用力才能呼吸……然而，也像阿茉提到的，她得思考如何處理心理上的臍帶，將注意力放回到自己身上，練習重拾自我的責任，試著「獨立照顧自己」，才能從是非題中跳脱，進入有選擇的境界。讓我們一起試著長大，這一次是心理上的長大，讓我們的心理年齡跟上生理年齡吧！

1. 讓自己有能力獨立

心理要能真正獨立的重要關鍵是「經濟獨立」。以阿茉為例，對於剛從國外完成學業的她來説，沒有穩定的收入與存款之下，想要走上圖文創作生涯是有困難的。於是，她決定先依照自己的本科專業找工作，透過穩定的經濟收入，同時，也會開始著手經營圖文創作的社群。

Chapter
03

傷心，是需要練習舉手的

傷心是很自然的情緒，
請試著舉手為自己的傷痛發聲，
練習著面對並接納傷心，
走過黑暗低谷後，
抬頭仍會見到耀眼且溫暖的陽光。

安頓不完美，繼續走在路上

接納自我的不完美，不再花力氣於抗拒或否認，
才能將精力投注於更值得追尋的人事物。

本書的第一章，企圖透過個人在成為諮商心理師的歷程中，自己的生命故事與自我修練分享，來凸顯心理師也是人，和每個人一樣都會經歷生命困境；第二章則透過不同主題的故事，來闡述傷心與不快樂未必會需要什麼重大理由，它普遍存在於你我的生活中，正在經歷卻未必足以言說與理解。於是，進入本書的第三章時，要來談談你我在生活中、生命旅程裡，都需要一起練習的課題。

電影《心中的小星星》中，男主角對著學習障礙孩子的家長說：「當每個人都認為長長的指甲很美，而拚命把指甲修得長一些、再更長一些，難道要修到指甲都斷了才肯罷休？」這段對白，一直讓我難忘，彷彿在提醒我們追求好還要更好的歷程中，是真的變得更好；還是，只是努力讓自己變得和大家都「一樣好」；甚至，這所謂的「一樣好」可能根本不存在。

每個人都是被期待餵養的孩子

「被期待餵養」並不是指每個孩子都是在被期待下出生的，而是我們自出生那天起，就是被期待養大的。例如：父母按著發展常模觀察，孩子幾個月會長出第一顆牙齒、是否更早開始會走路？這類的發展指標，不自覺成為家長與長輩口中相互拚比的內容，我們肯定都不陌生。

開始上學之後，如果自己有能力在考試時得到佳績，也可能逐漸成為一種「應該」，而那些始終成績不佳的孩子呢？用成績被判斷為不夠好，成為單一的評價標準，他只看見自己的不標準、氣餒自己的追不上。

在這樣的環境中成長，不知不覺內化了那些被期待言語中的標準與價值，有些評論像是「不對」、「你不乖」、「還可以再更好」等，漸漸成為我們的自我價值，成年之後，社會上的高標準似乎也把我們多數人歸類在「不夠好」的認定中。

一旦有人試圖跳脫這樣的評價體系，便被視為「逃兵」、「迴避責任」與「弱者」，也可能在未行動之前，就先視自己為「失敗者」，進行無數次的自我鞭打後，將那想掙脫評價體系的想法「驅之別院」。

為什麼要接受不完美？

常有當事人對我說：「如果我接受不完美，就等於我放棄了。」「難道好還要更好，不對嗎？」可能因此不自覺地將自己拿來與他人比較，總看到自己的短處，努力讓那個「不夠好」的自己變得更好，在耗盡心力與踢遍鐵板的過程中，也因此傷痕累累。

從教育心理的角度來看，霍華德．加德納（Howard Gardner）於一九八〇年代提出多元智能（Multiple Intelligences）理論，他認為所有的人類都擁有理倫中所提及的八大智能，重點在於沒有任何兩個人擁有完全相同的智能剖面圖。換言之，每個人都有所謂的優勢能力，也會有相對弱勢的能力，沒有誰是八大智能的完美者，也沒有誰是不夠好的人。

接受自己的不夠好、限制、有極限、不如人、某部分的無力改變，這些都不等於是「放棄」，比放棄更重要的是——更有意識的接納與覺察，給出一個內在空間來允許部分自我的存在，不再需要耗費力氣於抗拒、極力抹去或否認，才能將精力投注於生命中更值得追尋的人事物中。

我不完美，但可選擇不受苦

曾經，我對於自己的學歷非常沒有信心，一路在求學中的不夠好，連報考諮商碩士班都是以備取之姿被錄取，總覺得自己在專業市場裡不夠好；於是，從學習到實習，我都要求自己超過百分之一百的投入，因為自我要求過高而出現身心症狀，超過一個月的失眠與便祕、皮膚反覆地過敏起疹、一休假就重感冒等狀況。特別是初入職場的頭幾年，即便我的努力得到認可，也無法真正相信自己夠好，我評估自己是有「冒牌者症候群」的困擾。

其實，努力付出過的都會有所收穫，但無法抹去自己的學歷，無法掩蓋英文閱讀能力不足的事實。只有我接受自己的限制與事實，才能給出一些空間去思考：除了那些沒有的，我擅長與擁有的是什麼呢？藉此，我才能看見自己的「低學習成就」經驗，讓我很容易和那些師長眼中偏離常軌的青少年連結，而他們的父母也會因為我的背景而帶來希望感，非常有助於我與青少年家庭工作。原來，我眼中的不夠好，也可以是足夠好的素材啊！

於是，接受與安頓自己的不完美，是選擇不讓自己受苦的過程。更重要的是，當我們願意接受這些不完美的自己，才是真正有機會走上想走的人生旅途：

1. 不完美，讓我們得以學習借力使力

失落的另一面，往往也會有所收穫。例如：我們可能會埋怨父母的不理想、使自己的童年受傷。但是，只有接受不理想的事實，才有可能好好專注療傷與成長，讓未來家庭的親子關係不一樣。例如：當我接受與能表達自己的英文閱讀能力不佳時，在讀書小組內，有英文好的同儕協助文獻翻譯，我則貢獻實務的經驗整理，彼此相互效力也借力使力。

2.不完美，讓我們容易彼此親近

心理學中有個「仰巴腳效應（Pratfall Effect）」又叫「出醜效應」，指的是真正受歡迎的人，不是完美無缺的人，而是那種看似努力精明的人，會不小心出錯，是一種瑕不掩瑜的概念。因此，我們努力追求「一樣好」的過程，反而失去個人的特殊性，接受不完美，看見自己的夠好，讓我們與他人有機會互相親近、連結與相互幫助。

3.不完美，讓我們更自由

真正勇敢的人，其實是不怕展現軟弱的，同時，也才真正跳脫「完美VS不完美」的二分法循環。創造出一個空間，去看看當下自己能做的是什麼？自己真正需要的是什麼？最適合自己的又會是什麼？也許，你會發現自己的選擇比過去更多，因為你不再受限於「避免不完美」的框架之中。

存在主義大師法蘭克，維克多（Viktor Emil Frankl）說：「人有一種東西不會被剝奪，就是人類最後的自由，不論如何，人永遠都可以選擇自己的態度，自己要走的路。」這句話強調每個人都有選擇權，去替自己決定於世上存在的樣貌為何。當你我願意安頓不完美，不等於是放棄，更不代表可以不努力，而是選擇接受不完美，好好安頓自己與不完美之後，讓自己繼續在人生路上前進！

每個人都需要的內功：自我覺察

練習自我覺察時，感受到的情緒未必舒服，
就像是蹲馬步一樣，總是需要決心才能堅持。

文卿與正德原本開心出遊，一言不合發生爭執，正德當場拍桌走人，留下愣在原地、全身僵住的文卿；文卿因這件事情，對於彼此的關係感到困惑，而到諮商室來與我討論。我們都知道這兩人肯定都有情緒，不論是拍桌的正德，抑或是僵住的文卿，行為與身體的反應，都是代表著「有情緒」的信號。

當然，你可能也會像文卿一樣問我：「我當下不努力讓自己冷靜，難道要翻桌大吵嗎？」確實不需要用同樣的行為，去激化彼此的情緒，然而，更重要的是，當下「僵住」可能是很有意義的反應。全身僵住，是想避免去意識那些情緒嗎？通常，我們會害怕一旦將這些情緒浮出檯面，就會一發不可收拾，而囫圇抑制住它們，拒絕去感受與探索這些情緒，也因此對於自己真正在乎些什麼，變得模糊與困惑。

每個人都會需要的深厚內功

在諮商心理師的養成訓練中，除了專業理論與技術的學習外，自我覺察（Self-Awareness）就像是初學武術者的蹲馬步，我們被要求也被期待有較高的意識與能力，以使自己在專業服務中更加的清明。所謂的自我覺察，是能夠清楚自己情緒反應的訊息是什麼，並且認知這些情緒來源的意義，從而成為情緒的主人，不被情緒盲目地牽引與影響，而這樣的能力，往往需透過不斷的練習來累積。

諮商室內，不論來談的主題是什麼，不論你的困境有多難解，心理師在透過回應來表達理解與同理之外，都會進一步運用些許提問來引導當事人進行自我覺察，從而釐清當下最在乎的是什麼，促進自我理解後，如何應對當前困境便會豁然開朗。

同時，諮商這門專業最美好的價值，在於和人們一起試著把生活過得更好，而自我覺察就如同這句老話：「給人魚吃，不如教會人如何釣魚。」像是給自己內建了一種日常保養的工具，讓我們在面對日常挑戰時，更加地清明、更有力量的無畏前行。

一起來練習蹲馬步吧！

情緒，不會因為你不去意識與處理，就消失不見了。即便你號稱是一個極度理性的人，看重如何解決問題，都不代表你沒有情緒。通常，可能是兩種情況，一種是你的理性是來自於善用自我覺察，才有能夠理性應對的時刻；另一種可能是你很快地隔絕、否認或壓抑這些情緒，看似理性的應對，但可能在生理上還是露了餡。

身體往往是最直接、真誠的檢測儀。實務上，我常觀察到當事人的一些非語言訊息，像是看似條理分明的表達時，可能身體某部位開始發紅、起疹，或是氣到發抖、雙手緊握、不停地摳手指、呼吸變得急促等等；甚至，有些長期壓抑的情緒結果發生，例如：自律神經失調或沒有原因的疼痛等等。

我們的社會，多數比較認同運用「理性思考」能力來因應各種狀況，卻沒有好好面對自己的情緒與感受。特別是華人文化並不太鼓勵情緒的表達，但是，情緒卻是幫助我們認識自己的最佳入口。前述多篇文章中，也都會提及鼓勵去接觸與接納情緒，接下來，我們就一起進入「蹲馬步」的階段：

1. 意識到自己怎麼了

以文卿為例，她試著追問自己：「當他怒拍桌子時，我整個都愣住了，但也只能要自己冷靜應對。」愣住是因為感受到：「當他怒拍桌子時，我感覺很被羞辱，又怕反擊會讓場面更難堪。」難堪的原因是：「特別是他拍桌走人，留下我自己一個人時，我其實覺得有一種被拋棄的感覺……」文卿明白自己的愣住、要求冷靜應對的背後，其實有被羞辱的生氣，更有被拋棄的難過。從行為、身體與情緒中，試著去意識自己的狀況，就像是剝洋蔥的過程，一層層地向內探索，每一層次的向內探索，都是更深入的自我認識與覺察。

2.理解自己的困難是如何發生的

當我們更清楚地意識到自己的內在時，才能夠理解何以會如此反應，何以現況讓自己如此糾結。當我們試著進行自我覺察時，便會開始對自己有更多的理解，你可以進一步自問，這些在乎是從何而來？如何影響著自己？

就像是文卿，她發現真正讓她對感情產生困惑的，不是吵架事件本身，而是當正德因情緒而拍桌走人時，彷彿擊中她內在害怕被拋棄的議題；而這害怕拋棄的議題是來自於童年父親的離家，也才理解自己對感情何以有這樣的困惑，哪些是過往經驗所致，又有哪些需要回到彼此的關係去處理。於是，她可以選擇試著告訴正德，即便雙方都有情緒時，她會需要對方不要轉身離開。

3.願意接納自己有這樣的限制

當文卿看見自己其實是害怕被拋棄，是來自於童年父親離家的創傷，也理解自己何以當下是愣住的、在關係中何以無法表達真實感受……這是在感情中的自己，和工作中的俐落是如此的不同。

通過覺察而發現的自己，和原來認知的自我，都會是自己的一部分，可能會是某種程度的限制，同時也會是可以練習與成長的空間。

4.思考是否要選擇突破，以及學習如何突破困難

每個人的內心都有自己的核心議題存在，但卻都未必需要時時面對與處理，關鍵在於這議題的困擾程度是否已到造成嚴重影響、甚至需要去改變。以文卿為例，她以為已經塵封的童年經驗，竟是如此影響自己的親密關係，她得開始思考是否要打開塵封的童年經驗，再次好好梳理那些過往帶來的影響，學習如何突破那些影響。

所以，當每一次你更有意識地理解自己時，可以再一次地思考是否需要選擇改變或練習去突破困境。

這樣的內功練習，往往需要我們刻意地給自己的生活一小段空白，像是下班後的漫步時光、夜深人靜時的獨處、運用紙筆的自我書寫等等；練習自我覺察，是幫助我們對情緒、行為模式能更加地有知有覺，擁有更清晰的意識去面對人生的每一刻，讓我們有機會以更有智慧的方式來回應每一個當下。

當你願意開始練習自我覺察時，過程中，特別是意識到一些未曾覺知的情緒感受時，未必會讓你覺得舒服，就像是蹲馬步一樣，總是需要一些決心才能堅持下去，然而，相信這個決定、面對所有感覺、決定不再逃避的你，是能夠為自己的人生負起真正的責任，創造更大的空間去建構想要的未來與關係。

負面情緒
有時像顆苦茶糖

接受負面情緒的存在，代表我們願意給自己一些允許，

更是一次學習情緒處理的機會。

十有八九，我問初次諮商的當事人：「你希望諮商可以幫你什麼？」會聽到以下這些期待：「最近壓力超大的，我希望不要這麼焦慮……」、「能不能不要再這麼想她，趕快恢復正常」、「能不能不要這麼容易生氣，而且每次都氣好久」、「我真的不想要再傷心了，想說諮商應該比較專業、可以幫助我」……這些回應，不知道你是不是也發現了一些共通之處？

沒錯，這些共通之處在於，他們都希望諮商能夠幫助自己「消除負面情緒」；面對這樣的期待，我會表達同理，理解這樣的期待背後，是非常受苦的心情所致。這是遭遇衝擊與失去後的正常反應，它們需要被消化，卻無法被快速消除。

也許，你會這樣想：如果諮商不能做到這樣的效果，那麼為何要尋求諮商服務呢？

心理諮商在此時最大的功效，是幫助當事人探索與釐清情緒底層的在乎，學習如何好好消化這些被歸類為「負面」的情緒，從而在專業的陪伴下逐漸走出困境。當然，不一定非得接受諮商，才能夠達到這樣的效果，如果有機會，我們能夠重新理解情緒困境的意義，學習如何面對與消化這些情緒，從中獲得力量與成長。

負面情緒就像含在口中的「苦茶糖」

在諮商將要結案的時候，我常會邀請當事人試著回顧諮商歷程，同時，好奇他們會如何形容諮商幫助他們走出困境：

「像是一瓶搖晃數次的易開罐汽水，如果直接開瓶，壓力會使汽水直接噴出來，諮商像是慢慢地打開瓶蓋的過程，一次次地放出一些氣壓，讓裡頭的汽水漸漸地平緩下來。」

「改變的歷程很像是吃中藥，症狀不會立刻解決，但隨著幾次諮商的時間，心理體質會比較好，就更能夠處理那些症狀，最後不藥而癒。」

「像是遊戲中的撿裝備，一路上，重拾自己遺忘的那些自我，拿回原本就屬於自己的能力。」

其中，我也很喜歡用「苦茶糖」來比喻。苦茶，一般來說被認為具有清熱解毒、抗發炎的功效，但味道奇苦無比。即便做成糖果，有著糖衣的包裝，當人們嘗到苦味的瞬間，仍會忍不住想要將它吐出來。通常，我們需要能夠忍住一段時期的苦味，才能吸收到苦茶本身的果效。

就像是那些使人受苦的負面情緒，不論是什麼樣的衝擊與失落造成的，都需要我們願意去接受它們的存在，接納它們帶來的不舒服，才有空間能夠好好地去消化，從而走過困境，獲得新生的力量。

既然無可迴避，就試著接受它

事實上，當我們用「正、負」來分類情緒時，彷彿也就將它們貼上「好與不好」的標籤，覺得那些負面情緒的反應，讓我們感覺不得體、不堅強，甚至是不好看的。然而，生活的本身常是複雜多面的，一件事情的發生，未必只有單一種情緒的狀態，就像是一個好不容易逃離家暴伴侶的倖存者，他終於不再焦慮不安，但也會有著結束關係的失落與低潮情緒。意即，只有正面情緒的生活並不真實，長期籠罩負面的受苦困境，也影響身心健康，唯有我們能夠涵容正面、負面情緒的同存，才是真實的人生啊！

既然是真實地存在著，我想邀請你，試著把所想到的一切情緒形容詞彙，分別寫在下面的表格內，書寫的過程中，沒有標準答案，只需依著你自己的認知與感受即可。

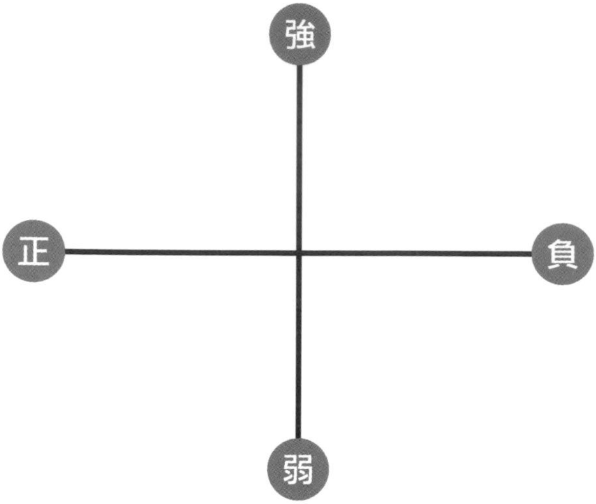

寫完之後，不知道你所填寫的情緒詞彙，哪一格中的數量是最多的呢？如果僅僅看正與負兩大類，又是哪一類的情緒詞彙最多呢？

不知道你是否已經發現，我們能寫出來的負面情緒種類，往往多過於正面的情緒。這代表著真實生活中的你，真實投入在其中，對於許多關係裡的人事物，有著真切的情意；這也就是為什麼許多人常把「算了」掛在嘴邊時，都不會是真的不在乎，其實只是意圖淡化心中的在意而已。

所以，負面情緒的存在，是無從迴避的真實，即便我們是如此地不知所措，但有一點是很重要的第一步：接受它的存在與樣貌。

讓負面情緒成為生命的禮物

從生物演化的角度來看，人類歷經幾度的演化，卻仍留下各種情緒；從科學發展的角度來看，抗憂鬱藥物的生產，能有效地改善情緒，卻無法使負面情緒消失；從信仰的角度來看，各種情緒都是上帝在創造時所給予的，而上帝在我們遭遇重大痛苦時，仍然允許我們可以真實表達，不需要刻意地壓抑它們。

不過，負面情緒確實給人帶來許多的不舒服，甚至會持續經驗到痛苦，進而影響生活日常的運作。除了可以參考前篇各式議題與困境的文章之外，我們可以邁開第一步：接受負面情緒的存在。接著，面對反覆侵襲、備受干擾的負面情緒時，我們可以試著透過以下三種方法面對它們：

1.從「接受」到「接納」

你已經接受他們的存在，但接納是什麼呢？舉例來說，臉上長滿發炎痘子時，當我們從試圖用遮瑕膏、厚粉底遮住它，到轉而選擇盡量讓它保持舒爽、透氣，是一種「接受」；當你開始願意選擇站到清晰的鏡子前，看清楚到底那些地方長了痘子，則是一種「接納」。接納，是不閃躲也不迴避地面對現況，當你願意使用清晰的鏡子照映時，我們才知道如何給自己上藥啊！

2.用「快速脫鉤」打破負向情緒的惡性循環

快速脫鉤（Rapid Disengagement），是指當你意識到負面情緒的干擾時，你需要主導自己的注意力，以打斷負面情緒帶來的惡性循環。例如：當你處在壓力極大的狀態時，你感受到分外的焦慮，這些焦慮會讓你忍不住地問同事問題、會讓你不自覺地質疑對方的回應；此時，焦慮是一種情緒，而那些不斷問問題、質疑對方回應，則是一種焦慮的反應，可能帶來影響效能與人際關係的惡性循環。因此，「快速脫鉤」是當你意識到這些反應出現時，便需要先試著拉住自己，或將注意力加以轉移，暫時投入其它能專注的事物中，幫助自己從負向循環中脫鉤出來。

3.接觸你的負面情緒，並嘗試理解它

接觸與理解我們的負面情緒，就彷彿是給自己的傷口上藥的過程，亦是前篇文章所提到的「自我覺察」的修練。以因為憤怒情緒而睡不著為例，可以試著問自己：「我最生氣的是什麼？何以如此讓我生氣？」「這些生氣情緒的背後，我最難受或在意的是什麼？」透過一些自我問句來接觸情緒；同時，還可以試著用第三人的角度來問自己：「如果這時生氣的處境是我的好友／孩子，我會如何回應他、我會想告訴他什麼？」藉以練習自我理解與安撫。

會特別用第三人稱的角色來引導自我理解與安撫，是希望避免自己落入傳統的安撫概念：「不要生氣了、不哭不哭、沒事了。」真正有力量的安撫，是能告訴自己：「被這樣對待，你肯定覺得很傷自尊，肯定很難受。」幫助我們從接納，進入接觸與理解負面情緒的狀態。

接受負面情緒的存在，是我們願意給自己一些允許，更是給自己一次學習情緒處理的機會。我們常說過度操勞的身體容易感冒生病，而過度壓抑否認的情緒，也會難以招架突如其來的重大壓力事件，引發更大的情緒潰堤危機。所以，學習接受負面情緒的存在，它可以成為一種需要再次成長的訊息，從負面情緒中看見新的意義，讓自己慢慢地走過低谷，你會更具有面對相似困境的免疫力，得到一份特別的生命禮物！

尋求幫助不是軟弱，而是懂得運用資源

尋求幫助，是為了幫助我們有能力繼續前行、迎接挑戰，
讓你我成為懂得運用資源的人。

你曾經開口尋求過幫助嗎？

多數來諮商的當事人，困難往往已持續數年之久，我總會問他們：「聽起來這樣的不快樂已經持續好多年了，是什麼讓你決定現在要來處理呢？」

時常聽到的答案是這些：

「真的掙扎很久，想說靠自己去克服，覺得說起來又不是新聞報導那種悲慘故事，怎麼會一直克服不了呢？然後，就是一個好朋友跟我說起諮商，才想到要不要試試。」

「在國外的時候，不知道可以跟誰講，那時候就全心寫論文，也就好像沒事了。可是回台灣後，看到相似的新聞，心情整個開始不舒服，我才意識到影響這麼深。」

「就是撐了很多年，應該也都還可以應付，一直到今年檢康檢查報告出來，我被檢查出有腫瘤、高血壓的問題，可能真的是長期的壓力吧，不得不來面對了。」

甚至，諮商歷程中，當事人和我分享著關係中的困惑與需求時，我進一步問：「你曾經試著讓對方知道你的想法或感受嗎？」多數人總這樣告訴我：「沒有，我說不出口」、「我不想說，他應該要懂」、「她問過我，但我不知道怎麼開口」，既期待被理解，卻又難以開口表達，內心期待著對方主動關切，卻又總是粉飾太平。

還記得碩士三年級的時候，我在一個助人專線的機構裡擔任兼職接線人員，當時的我，正值心理師全職實習的階段，利用下班後的時間，繼續在專線裡兼職；那一天，我看到夥伴轉給我的預約表單，備註欄寫著：「這困難的案主，就排給認真的子琦囉！」看到的當下，我心裡同時浮現兩種感覺，一是被看重、被肯定，一是覺得疲憊與不耐煩。然而，我並沒有對於這兩種感覺多加停留思索，而是直接撥打電話給預約好的個案，那通電話中，那位個案確實不好應對，而我也似乎被對方激起了一些情緒。

掛上電話後，我坐在接線房裡落淚，這時專線旁聽的督導來敲門，她想和我談談那通服務對話的過程。我和她提了看到那張表單時的那段內心戲，覺得自己一直承受著「能者多勞」的委屈，加上她全程聽完我與個案的服務過程，她提醒我：「妳需要練習怎麼『唉唉叫』。」

唉唉叫？我心裡想的是：我最不喜歡別人老是唉唉叫，這又不能解決問題！多年以後，我才明白練習「唉唉叫」真是必須突破的一道難題，要向他人表達自己的脆弱與需要，總讓我覺得不自在，甚至感覺有點丟臉，彷彿在認輸般。我相信，這也是許多人的難題，困在這樣的巢臼中，總想著靠自己可以面對，卻總是欲振乏力、難以真正地快樂起來！

懂得「示弱」也是一種能力

在我剛擔任主管的時候，我的老師也給了一個忠告：「妳要學會讓部屬看見自己也有軟弱。」這忠告我同樣似懂非懂，心中浮現相似的疑問是：他們看到我也有軟弱之後呢？不可能把問題丟給他們吧？我應該得承擔這些解決問題的責任……心中對於示弱，總有千萬個抗拒。

在我們的社會文化裡，一直都是鼓勵人們要獨立、自信，要積極面對問題，推崇著「適者生存」的競爭思維，要人學習「示弱」，實在有如逆風而行的難。有趣的地方是，當自己也不會示弱、唉唉叫時，我在諮商室裡的工作，特別是當事人向我尋求具體、即刻的解決方法時，即使專業理論告訴我，許多議題沒有標準解法，卻也無法真的安住對方的急切與不安，而常常和當事人一起卡住。

但是，在我逐漸接觸、接納自身的軟弱，並學會適時表達脆弱之後，同樣的情況，我卻更知道如何陪伴當事人穩穩地和情緒共處、走出困境。我才明白個中奧妙，在於內心真實相信，示弱與求助並不等於軟弱、認輸，這已不再是停留在腦袋裡的知識而已，是我從內心長出來的一種能力。

後來，我遇到一個當事人義強，他也對於「示弱」感到困難且抗拒，而長期武裝自己的他，不僅不快樂，也影響他和妻子的關係。妻子說：「我常覺得你有一堵牆，把我拒之千里之外，一度讓我懷疑你是不是變心了？」義強的問題當然不是外遇或變心了，而是他一人強撐著經濟壓力，且認為這是男人的擔當，而導致身心長期緊繃與容易動怒。

當我試著引導義強和妻子分享心中的壓力時，他回應我：「我一路都在追求A⁺的分數，妳這樣不是要我拿C嗎？」我想了想，這樣告訴他：「示弱是一種能力，如果A⁺的定義是願意示弱且不感覺羞恥、更不影響自尊，那麼我們要不要來看看自己在哪個級分，又可以怎麼往前練習表達？」他聽完想了幾秒，帶著笑容說：「我居然是C⁻耶！」如果，你和義強一樣對於示弱百般抗拒，以下幾個建議和你分享：

1.隔離心中對他人的「預設」、對自我的「批判」

即使是受過專業訓練的心理師，當你什麼都不願意吐露時，是很難理解你正如何受苦的、如何做才能幫助到你，何況是身邊的親友。我們都沒有讀心術來猜測對方的需要為何，所以，我們需要先放下對他人應該要懂得的預期。同時，即使沒有人對你說過什麼，你可能也總會覺得一旦表達或示弱，就代表自己是……（可替換成心中的自我批判詞彙）。這些非理性的批判，都需要我們刻意地將其暫時隔離；就像義強，他需要刻意地隔離那些對於男人的自我要求與評價。

2.從小改變開始練習

示弱，是讓我們繼續堅強的一種能力。你可以試著從身邊信任的親友、影響較小的議題開始練習，也可以像義強一樣，試著把示弱看成一個成長的目標，設定一個表達的程度量尺，給自己一個小目標，創造一些小小的改變。

3.描述客觀事實，表達情緒，說出需求

練習示弱，就像是一個試圖讓對方理解自己的過程，你可以先從描述客觀事實（發生了什麼事）開始，再進一步表達這些狀況讓你有哪些感受與情緒，接著說出自己面對的困境與需要是什麼。以義強為例，他告訴太太，公司因為疫情的關係，季度獎金將延遲發放，導致無法有足夠的資金來支付下半年的貸款與到期應繳的保費（客觀事實），他覺得壓力很大、焦慮（表達情緒），想聽聽太太的想法（表達需求）。

其實，示弱不等於投降，堅強不代表必須逞強，真正的堅強，是在遭遇困境的時候，願意讓自己繼續走在面對的路上，願意嘗試各種方式來走出困境，方法當中包括願意「示弱」，適時地表達脆弱與需求來尋求幫助。

能夠尋求幫助，才是懂得運用資源

我們都知道沒有人是完美的，也沒有人是全能無敵的，然而，現今我們身處的世代變化快速，要能因應生活中的各種挑戰，沒有誰能夠完全的單打獨鬥，要具備克服挑戰中的不同能力，其實是需要學習運用各種資源來加以輔助。

過去在社福機構工作時期，不時會遇上拒絕資源的困難家庭，這些家庭的家長總會跟我說：「要把資源留給更需要的人。」聽起來很合理，但同時也讓家庭困境持續著，我總會這樣回應他們：「我相信你是想再次站起來的，所以請試著把這些資源當成再次站起來的輔具，我也相信當你站穩的時候，有一天也會願意成為其他家庭／人們的幫助。」同樣地，在我們遇到困難時，試著尋求他人的協助，哪怕是聽聽他人的看法，對自身的困境都可以是一種腦力激盪的過程，避免過度膠著於困境之中。事實上，身為諮商心理師的我，也曾經兩度尋求心理諮商的協助，第一次是初入職場的壓力調適，第二次則是擔任主管時的調適困難，所以，學習示弱與尋求幫助，無關乎你是否專業、是否有能力，畢竟，生活的挑戰也總在不斷地進化著。

因此，尋求幫助，是為了幫助我們有能力繼續前行、迎接挑戰，尋求幫助，是能讓你我成為懂得運用資源的人，有一天，你也會有能力成為他人的幫助與祝福。

愛的加油站

嘗試「示弱」的三點建議：

- 隔離心中對他人的「預設」、對自我的「批判」。
- 從小改變開始練習。
- 描述客觀事實，表達情緒，說出需求。

失落與陪伴都是生命的功課

會有走出來的那一天，只是，過去的日常不再相同。
帶著這份失落，慢慢地活出重建的日常。

面對失落，當事人周遭的陪伴者，往往給出的陪伴時間相對短得許多。對已失去所愛的人來說，通常在喪禮結束後陪伴者就漸漸淡出當事人的身旁，似乎覺得一切應該都告一段落；對於經歷分手失落的當事人，通常也難以接受自己耽溺哀傷太長的時間；對於經歷失落的人來說，身處這樣的氛圍之下，也不自覺地要求自己振作起來，卻往往是悲傷復原的不利因素。

生命的重量都是獨特的

阿凱，是我的大學好友。大三那年，他的父親經商失敗，負債上千萬，母親因為日夜勞碌工作而中風臥床，從那時起，阿凱的生活一夕全變了樣。為了讓母親得到更好的醫療與照顧，阿凱畢業後每天兼差兩份工作，二十多年來，不只償還債務，事業也小有成就，卻始終不敢稍有鬆懈，一直為著給母親穩定的照顧品質而努力，那就是他的使命。

年初的時候，阿凱甫經歷父親生病離世；一個月後，中風近二十年的母親也在睡夢中離開。阿凱打電話給我那天，是我的休假日，正躺在沙發看電影的我，慵懶地接起電話，聽見陣陣哭聲，我驚慌地問怎麼了？阿凱哭著重複地說：「我媽媽走了、她不要我了！」

在那充滿哭喊的通話中，我知道真出大事了，那通充滿哭聲的電話，彷彿是一個人落水前的掙扎……

阿凱母親過世幾週後，他告訴我，自己三天兩頭就收到這類訊息：「你開始出門了沒？」「什麼時候恢復上班？」「有這麼誇張嗎？」甚至還有朋友開始質疑：「為何爸爸過世還可以工作，你媽過世就不行工作了？」他說這些訊息都讓他很不舒服、很生氣，不自覺地想離這些人更遠一些。阿凱怒吼：「為什麼我死了家人還要昭告天下，請大家體諒我，到底這個世界怎麼了？」

其實，對阿凱來說，父親生病過世，同樣也很傷心，只是父親受病痛折磨的兩年，一直有和子女討論死後的預備，讓他心理較有預備；反倒是中風後，二十多年來病況一直穩定的母親，走得太突然。短時間，他失去父親與母親，成為沒有爸媽的孩子，接連地失落，讓他失去努力工作的動機與生命的意義。

面對生命的逝去，每一段失落的關係，輕重之間，都不足以為外人道，都有著獨特的意義。

失去所愛，需要多久才能走出來？

對於失去所愛的人來說，留下來面對失落，要花多久的時間才能走出來呢？其實，沒有一定的時間表，實務上，我卻常常告訴對方：「至少半年。」我鼓勵當事人給自己至少半年的時間，好好地傷心，允許自己可以流淚、可以想念對方，畢竟，逝去的人無論時間長短，都曾在你的生命中占據著無可替代的位置，給自己半年的時間走出來是值得的。

威廉．沃登（William Worden）認為要走出來，有四個任務需要被我們完成，通常我會帶著這樣的任務架構來陪伴失去所愛的人們：

一、接受失落事實的存在

還記得阿凱母親過世的那幾天，我最常聽見他說：「怎麼可以這樣就走了」、「我沒有要說再見」、「你們都不要再說了」……這時候，如果你是阿凱的親友，會怎麼回應他呢？是告訴他，別哭了，這樣媽媽不安心，還是要他冷靜振作一點？

1. 別立刻糾正他，理解他的心情就好：在失落發生的當下，都是巨大且難以承受的，對當事人來說都是衝擊，不論對方說些什麼，都只反映著內心有多衝擊與難受。當阿凱說：「怎麼可以這樣就走了？」我會說：「真的太突然了！」當阿凱說：「我沒有要說再見。」

我告訴他：「對啊，說再見太難了。」我們只需要理解他的心情，把聽見與理解到的感受「換句話說」就好。

2.接受自己也幫不上忙吧：學習陪伴的最大挑戰，其實是陪伴者自己。有問題就要有解答，是我們從小根深蒂固的思考模式，於是，面對身處失去所愛的人，我們很容易不自覺地想把對方拉出悲傷泥沼。然而，我們忽略了所有的失落，都將帶來改變，當事人花多少時間走出失落，那是他生命裡的課題，只有他自己能去解答，陪伴者是無法代勞的，所以，接受自己解決不了對方的失落與淚水，反而是陪伴最重要的有效因子。

二、經驗悲傷的痛苦

3.給失落的人，經驗悲傷的權利：面對失落，感受可能是多元且複雜的，可能是傷心、生氣、不公平、不捨……不論是那些感受，都是失落的悲傷過程，但也可能是我們備感陌生的「軟弱」，告訴失落的一方：「至少半年，沒關係的。」想哭的時候就哭，想生氣的時候就氣吧，這是正常的啊！

4.設身處地，陪著他掉淚：諮商有一個助人技巧是「交換角色」，意思是當理解對方的個性、處境時，試著交換到他的位置去感受其心情，那是一種感同身受的過程，很重要的是倒空我們自己的價值觀，也接受無法代勞他的困境，能做的就是設身處地與感同身受，即使我們跟著落淚了，也沒有關係的，可以流著淚水告訴他：「我懂，這太難了！」

5.尊重他，想要獨處一陣子：記得阿凱母親過世後一週，我問他，天氣很好，想出來走走嗎？他說只想待在家看書。我沒有特別勸說他，只是提醒他要記得吃點東西，吃不下也要喝點流質。尊重他，許多跟過往不同的反應與狀況，事發的一個月內，只要對生命沒有重大危害，都是正常的。

6.問問他，這些是他需要的嗎：面對所愛的人逝去，處理後事的過程，有一些環節可能是既陌生又難熬的，例如：辦理除戶手續、火化的過程等，如果你覺得自己有能量陪伴，則可以主動詢問對方是否需要陪伴，然後，不論對方接受或拒絕，都是可以的，這過程不僅傳達願意陪伴，更是相信對方，即使遭逢重大失落，仍有能力面對。

三、重新適應一個沒有逝者存在的生活

7.每個紀念日，都是觸景傷情的時刻：失去後的頭一年，往往是最難受的，特別是一些曾經關係中的節日、紀念日或生日，都是失落傷口的刺激；我們可以提前思考這些日子到來，將會有哪些不同？最懷念的是哪部分？那些懷念的部分是代表著哪些意義呢？有沒有什麼是想在那天做的……重要的是這些討論即是一種心理預備，也是一起想念與面對改變的過程。

8.生活在不再相同的日常裡：常有當事人對我說：「我想快點走出來，恢復以前的生活。」會有走出來的那一天，只是過去的日常卻不再相同，帶著這份失落，慢慢地，活出失落後的日常。

9.反反覆覆、時好時壞，也是日常：一路談下來，其實走出失落，並不是一路往前、一直向上的歷程，反而常是好不容易走了三步，一個紀念日、一點生活重建的挫折，就可能讓我們後退個兩步；所以，接納時好時壞也很正常，我們就會比較容易再次擁有日常。

四、將情緒活力重新投注在生命中

10.在失落中，看見意義與成長：走出失落，不會讓我們忘了所愛，這份失落的情感與想念，會逐漸找到其中的意義，重新審視生命的價值與順序，也將會提醒著我們在乎的是什麼，更多的認識與接納真實的自己，重拾愛與被愛的能力。

以上提到的四個階段中共包含了十個行動，可以幫助我們進行自我評估，也提供我們關心親友時的一些參考。

死亡，是每個人生命的必經，不論我們做了多少準備，在它到來的那天，都是難以承受的，急不得也快不了。

即使我們花了很長的時間來預備，但它從來沒有預備好的那一刻，所以，不會沒有感覺。當這天真的到來時，因為關係的真實存在，我們都還是會傷心、難以接受、生氣……這都是自然的反應啊！

所有的改變都會帶來失落，而所有失落都造成改變。走出失落的歷程，像是心中以為不變的板塊們，忽然少了一塊。失去的那一塊，在每個當事人心中，可能是小小一塊，可能是好大的一塊，需要時間，進行「板塊重組」，急不得也快不了。

所以，什麼是走出來呢？不是忘記，而是每當我們想起時，那些悲傷與衝擊都會變得更小一些，想起的次數更少一些，會學到一些未曾想過的事，也會從失去中得到意義。

愛的加油站

心理治療師威廉・沃登認為「調適悲傷」需要完成四個任務：

- 接受失落事實的存在。
- 經驗悲傷的痛苦。
- 重新適應一個沒有逝者存在的生活。
- 將情緒活力重新投注在生命中。

練習接納傷心與失落 找回前行的勇氣

傷心的人 請舉手

作　　者　羅子琦
編　　輯　蔡玟俞、黃子瑜
校　　對　蔡玟俞、羅子琦
封面設計　劉錦堂、洪瑞伯
內頁美編　劉錦堂、林榆婷

發 行 人　程顯灝
總 編 輯　盧美娜
發 行 部　侯莉莉、陳美齡
行 銷 部　伍文海、陳婷婷
財 務 部　許麗娟
印　　務　許丁財
法律顧問　樸泰國際法律事務所許家華律師

藝文空間　三友藝文複合空間
地　　址　台北市大安區安和路二段 213 號 9 樓
電　　話　(02) 2377-1163

出 版 者　四塊玉文創有限公司
總 代 理　三友圖書有限公司
地　　址　106 台北市安和路 2 段 213 號 4 樓
電　　話　(02) 2377-4155
傳　　真　(02) 2377-4355
E-mail　service@sanyau.com.tw
郵政劃撥　05844889 三友圖書有限公司

總 經 銷　大和書報圖書股份有限公司
地　　址　新北市新莊區五工五路 2 號
電　　話　(02) 8990-2588
傳　　真　(02) 2299-7900
初　　版　2021 年 09 月
定　　價　新臺幣 350 元
ISBN　978-986-5510-87-9 (平裝)

國家圖書館出版品預行編目(CIP)資料

傷心的人，請舉手：練習接納傷心與失落，找回前行的勇氣/羅子琦著. -- 初版. -- 臺北市：四塊玉文創有限公司, 2021.09
面； 公分
ISBN 978-986-5510-87-9(平裝)

1.心理創傷 2.心理治療

178.8　　110012538

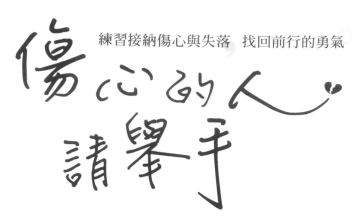